跨境电子商务
创新型人才培养系列教材

跨境电商
速卖通运营与管理

邓志超 彭思 周春翔／主编

CROSS-BORDER
Electronic Commerce

人民邮电出版社

北 京

图书在版编目（ＣＩＰ）数据

跨境电商：速卖通运营与管理：视频指导版 / 邓
志超，彭思，周春翔主编. -- 2版. -- 北京：人民邮电
出版社，2023.10
跨境电子商务创新型人才培养系列教材
ISBN 978-7-115-62531-1

Ⅰ．①跨… Ⅱ．①邓… ②彭… ③周… Ⅲ．①电子商
务－运营管理－教材 Ⅳ．①F713.365.1

中国国家版本馆CIP数据核字(2023)第156424号

内 容 提 要

数字经济时代，跨境电商成为全球贸易的新引擎，已经成为国家（地区）间贸易的新业态、新模式。本书紧抓跨境电商平台速卖通的特性，按照速卖通店铺实际运营的核心流程进行内容架构，通过理论与实践相结合的方式，系统地讲解了速卖通店铺开设、市场选品、店铺装修、商品发布、站内营销、站外营销、物流配送、资金管理、客户服务、运营分析等知识，旨在帮助读者全面掌握速卖通运营与管理的策略和方法。

本书既适合想涉足跨境电商的企业、个人、创业者等参考使用，也适合已经开设了速卖通店铺、想进一步提高推广与运营能力的跨境电商从业人员阅读，还可作为高等院校跨境电子商务、电子商务、国际经济与贸易等专业的教材。

◆ 主　编　邓志超　彭　思　周春翔
　　责任编辑　侯潇雨
　　责任印制　王　郁　彭志环

◆ 人民邮电出版社出版发行　　北京市丰台区成寿寺路 11 号
　　邮编　100164　　电子邮件　315@ptpress.com.cn
　　网址　https://www.ptpress.com.cn
　　固安县铭成印刷有限公司印刷

◆ 开本：787×1092　1/16
　　印张：12.75　　　　　　　　　　　2023 年 10 月第 2 版
　　字数：317 千字　　　　　　　　　2025 年 1 月河北第 3 次印刷

定价：49.80 元

读者服务热线：(010)81055256　印装质量热线：(010)81055316
反盗版热线：(010)81055315
广告经营许可证：京东市监广登字 20170147 号

前言
FOREWORD

党的二十大报告提出："中国坚持对外开放的基本国策，坚定奉行互利共赢的开放战略，不断以中国新发展为世界提供新机遇，推动建设开放型世界经济，更好惠及各国人民。""推动货物贸易优化升级，创新服务贸易发展机制，发展数字贸易，加快建设贸易强国。""深度参与全球产业分工和合作，维护多元稳定的国际经济格局和经贸关系。"在经济全球化和电子商务快速发展的大趋势下，我国跨境电商行业在政策引领与支持下正处在蓬勃发展的赛道上。跨境电商作为电子商务发展的新领域，已经成为我国对外贸易增长相对较快的领域。

阿里巴巴全球速卖通（以下简称"速卖通"）是国内具有代表性的跨境电商平台，在全球数字化进程加速、国家政策支持，以及得天独厚的供应链优势等利好下，越来越多的卖家通过速卖通平台实现了"卖全球"的目标。但是，由于不同的语言、地域、气候、国家或地区政策、文化、消费习惯等因素，跨境电商对卖家提出了较高的要求，卖家要在基础操作、选品、营销、物流、客服、资金管理、数据分析等方面具有不同于传统电商业务的视野和技能。此外，激烈的市场竞争、颠覆性的技术革新、变化的客户需求，也不断对跨境电商从业者提出新的挑战。

鉴于这些情况，为了更好地帮助读者进入跨境电商领域，拓展境外市场，掌握速卖通开店、推广与运营知识，我们精心编写了《跨境电商：速卖通运营与管理》教材，自出版以来，得到了广大院校教师和读者的肯定。但是，跨境电商行业的发展日新月异，速卖通平台的运营规则也在不断更新。为了紧跟时代发展，更好地满足在当前市场环境下读者对速卖通店铺运营知识和技能的需求，我们结合市场发展形势及专家和读者的反馈意见，在保留原书特色的基础上进行了全面升级。本次改版修订的主要内容如下。

• 根据市场发展情况，对原书中的陈旧数据和内容进行了更新，使内容更加新颖、丰富，更能体现当下跨境电商行业和速卖通平台的发展情况。

• 新增了"课堂实操""课后实训"板块，在讲解理论知识的同时清晰地展现了速卖通店铺运营关键环节的实践操作方法，让师生能够根据实际需要有针对性地进行教学实践，同时让学生加深对知识的理解，提高学生运营速卖通店铺的实操能力。

• 本书以落实立德树人为根本任务，新增了"素养提升"板块，致力于培养兼具工具理性与价值理性、敢闯会创的拔尖创新人才。

与第 1 版相比，本版教材的内容更加全面，与时俱进，更加注重理论与实践相结合，突出实用性和可操作性，强调学、做一体化，让读者在学中做、做中学，带领读者全面

掌握运营与管理速卖通店铺的策略和方法。

此外，本书还提供了丰富的立体化教学资源，包括视频、PPT 课件、电子教案、教学大纲、课程标准、习题答案等，选书教师可登录人邮教育社区（www.ryjiaoyu.com）下载相关资源。

由于编者水平有限，书中难免存在不足之处，恳请广大读者批评指正。

编者

2023 年 8 月

目录
CONTENTS

第1章 全球速卖通：面向全球市场的"国际版淘宝"

学习目标 ↓

- ➢ 了解跨境电商和跨境电商交易的基本流程。
- ➢ 了解速卖通平台的特点。
- ➢ 掌握速卖通平台的店铺类型，以及速卖通平台的收费标准。
- ➢ 掌握开通速卖通店铺的流程。
- ➢ 掌握申请速卖通"中国好卖家"的流程。
- ➢ 坚持自立自信，增强民族自豪感。
- ➢ 培养自主创业意识和创业精神。

在全球性物流网络和互联网基础设施逐渐完善，以及我国政府出台一系列优惠政策的支持下，我国跨境电子商务行业蓬勃发展。很多卖家看到跨境电子商务的广阔前景，纷纷借助全球速卖通平台开拓国际市场。

 初识跨境电商

跨境电子商务是基于网络发展起来的一种商务形式。随着我国跨境电商贸易机制的不断完善，国际物流陆续疏通，我国跨境电商行业得到进一步拓宽。

1.1.1 跨境电商的内涵

跨境电子商务（简称"跨境电商"）是指分属不同关境的交易主体，通过电子商务平台达成交易，进行支付结算，并通过跨境物流及异地仓储送达商品、完成交易的一种国际商业活动。关境，又称海关境域或税境，指完全实施同一海关法的地域，是一个国家及地区行使海关主权的执法空间。跨境电商的交易主体属于不同关境，即在跨境电商交易中商品需要"过海关"。

具体来说，跨境电商有狭义和广义之分。

1. 狭义的跨境电商

狭义的跨境电商是指跨境零售电商。跨境零售电商是指分属于不同关境的交易主体，通过网络完成交易，进行支付结算，商家利用小包、快件等方式通过跨境物流将商品送达消费者手中的商业活动。

从海关上来说，跨境电商是指通过互联网进行的小包买卖，商品交易的最终目标是终端消费者。但是，随着跨境电商的发展，跨境零售电商的最终消费者中也有一部分小规模的企业，由于在现实中很难将这部分小规模的企业和个人消费者区分开来，因此跨境零售电商也包含商家和这部分小规模的企业之间的交易。

2. 广义的跨境电商

广义的跨境电商基本上指外贸电子商务，是指分属不同关境的交易主体，利用网络将传统外贸中的商品展示、洽谈及成交等各环节电子化，并借助跨境物流运送商品、完成交易的一种跨境商业活动。

从更广泛的意义上来说，跨境电商是指电子商务在国际进出口贸易中的应用，是传统国际贸易流程的网络化、电子化和数字化，包括货物的电子交易、电子资金划拨、电子货运单证、在线数据传递等多方面的内容。从这个意义上来说，只要是涉及电子商务应用的国际贸易，都可以被纳入跨境电商的范畴。

1.1.2 跨境电商与传统电商的区别

跨境电商与传统电商在业务环节、适用规则、交易主体及面临的风险等方面存在区别，具体如表1-1所示。

表1-1 跨境电商与传统电商的区别

对比项目	传统电商	跨境电商
业务环节	① 业务环节比较简单，且各个业务环节发生在境内； ② 货物的运送距离近、时间短	① 业务环节更加复杂，需要经过海关通关、检验检疫、外汇结算、出口退税、进口退税等环节； ② 在货物运输环节中，跨境电商通过邮政小包、专线物流等国际物流将货物送达出境。因为路途遥遥，所以货物在物流上花费的时间更长，且货物在派送过程中发生意外的概率更大

续表

对比项目	传统电商	跨境电商
适用规则	卖家一般需要遵守电子商务平台的规则，以及本国电子商务行业的相关法律法规	① 卖家需要遵守的规则更多、更细、更复杂，例如，跨境电商平台的规则、国际通用的贸易协定或双边贸易协定、交易国（地区）的法律法规等； ② 从事该行业的人员还需要及时了解国际贸易体系、规则，进出口管制、关税细则、政策的变化，也要对国际贸易形势有深入且全面的了解
交易主体	交易主体一般在境内，交易发生在境内企业和境内企业、境内企业和境内个人或者境内个人和境内个人之间	交易主体分属不同关境，交易发生在境内企业和境外企业、境内企业和境外个人或者境内个人和境外个人之间
面临的风险	由于是境内贸易，因此所面临的风险相对较少	整个交易流程涉及仓储管理、国际物流、国际货款支付和结算等环节，面临着供货风险、运输风险、汇率风险及法律法规风险、知识产权风险等各类风险

素养提升

在世界经济下行压力增大的环境下，跨境电商以其数字化、多边化、便捷化为国际贸易合作提供了广阔的空间。中国的电子商务公司将业务拓展到境外，为世界各地中小企业提供了通过电商开展业务的机会，中国的跨境电商有力地促进了世界数字经济的增长。在国际市场上，我们要树立大国自信，增强民族自豪感，同心同德，展现大国风范。

1.1.3 跨境电商交易的基本流程

跨境电商商品交易的完成需要经过海关通关、检验检疫、外汇结算、出口退税、进口征税等多个环节。具体来说，进口跨境电商的交易流程如图 1-1 所示，出口跨境电商的交易流程如图 1-2 所示。

图 1-1 进口跨境电商的交易流程

图 1-2 出口跨境电商的交易流程

1.2 初识速卖通平台

全球速卖通（AliExpress）（以下简称"速卖通"）是阿里巴巴帮助中小企业接触终端批发零售商开展小批量、多批次的快速销售，拓展利润空间而全力打造的集订单、收款、物流于一体的外贸在线交易平台。

速卖通于 2010 年 4 月正式上线，它是阿里巴巴旗下唯一面向全球市场打造的在线零售交易平台，集订单、收款、物流于一体，主要目的是通过电子商务平台将"中国制造"直接送往全球买家手中，是跨境直达的平台。为了顺应全球贸易新形势的发展，2016 年 8 月，速卖通完成了由消费者对消费者（Customer to Customer，C2C）平台向企业对消费者（Business to Customer，B2C）平台的转型升级，以全新的姿态全方位助力中国品牌扬帆出海。

1.2.1 速卖通平台的特点

作为阿里巴巴未来国际化的重要战略产品，速卖通经过几年的发展，已经成为全球活跃的跨境电商平台之一，并依靠阿里巴巴庞大的会员基础，成为目前全球产品品类丰富的电商平台之一。

与亚马逊、eBay、敦煌网等其他跨境电商平台相比，速卖通平台对价格比较敏感，平台上的低价策略比较明显，这与阿里巴巴实行从淘宝卖家中导入速卖通卖家的策略有关。速卖通的侧重点在新兴市场，尤其是俄罗斯和巴西。

速卖通是阿里巴巴系列的产品，其页面整洁、操作简单，非常适合新人上手。另外，阿里巴巴一直有非常好的社区和客户培训传统，跨境新人可以通过社区和客户培训快速入门。因此，速卖通非常适合跨境新人，尤其是所售商品符合新兴市场的卖家，以及商品有供应链优势、价格有明显优势的卖家。

1.2.2 速卖通平台的店铺类型

目前，速卖通仅支持企业性质的卖家入驻，不支持个体工商户、个人入驻。卖家在注册店铺时需要进行实名认证。

速卖通平台的店铺分为官方店、专卖店和专营店 3 种类型。卖家申请的店铺不同，需要满足的条件也有所不同，具体如表 1-2 所示。

表 1-2　速卖通平台的店铺类型及其基本要求

项目	官方店	专卖店	专营店
店铺类型介绍	卖家以自有品牌或由权利人独占性授权（仅商标为 R 标）在速卖通开设的店铺	卖家以自有品牌（商标为 R 或 TM 标），或者持他人品牌授权文件在速卖通开设的店铺	经营 1 个及以上他人或自有品牌（商标为 R 或 TM 标）商品的店铺
开店企业资质	要完成企业认证，卖家需提供以下资料： ① 企业营业执照副本复印件； ② 企业税务登记证复印件； ③ 组织机构代码证复印件； ④ 银行开户许可证复印件； ⑤ 法定代表人身份证复印件	同官方店	同官方店

续表

项目	官方店	专卖店	专营店
单店铺可申请品牌数量	仅1个	仅1个	可多个
平台允许的店铺数	同一品牌（商标）仅1个	同一品牌（商标）可多个	同一品牌（商标）可多个
需提供的材料	① 商标权人直接开设官方店，需提供国家知识产权局商标局颁发的商标注册证（仅R标）； ② 由权利人授权开设官方店，需提供国家知识产权局商标局颁发的商标注册证（仅R标）与商标权人出具的独占授权书（如果商标权人为境内自然人，则需同时提供其亲笔签名的身份证复印件；如果商标权人为境外自然人，则需要提供其亲笔签名的护照/驾驶证复印件）； ③ 经营多个自有品牌商品且品牌归属同一个实际控制人，需提供多个品牌国家知识产权局商标局颁发的商标注册证（仅R标）； ④ 卖场型官方店需提供国家知识产权局商标局颁发的35类商标注册证（仅R标）与商标权人出具的独占授权书（仅限速卖通邀请）	① 商标权人直接开设的品牌店，需提供由国家知识产权局商标局颁发的商标注册证（R标）或商标注册申请受理通知书（TM标）； ② 持他人品牌开设的品牌店，需提供商标权人出具的品牌授权书（若商标权人为境内自然人，需同时提供其亲笔签名的身份证复印件；如果商标权人为境外自然人，则需要提供其亲笔签名的护照/驾驶证复印件）	需提供由国家知识产权局商标局颁发的商标注册证（R标）或商标注册申请受理通知书复印件（TM标），或者以商标持有人为源头的完整授权或合法进货凭证（各类目对授权的级数要求，具体以品牌招商准入资料提交为准）
店铺名称	品牌名+official store（默认店铺名称）或品牌名+自定义内容+official store	品牌名+自定义内容+store	自定义内容+store
二级域名	品牌名（默认二级域名）或品牌名+自定义内容	品牌名+自定义内容	自定义内容

一个企业可以开通6个速卖通店铺，店铺类型30天可变更一次，卖家可以根据自身实际情况选择适合自己的店铺类型。有品牌、有货源的卖家，可以选择官方店；无自有品牌但有授权、有货源的卖家，可以选择专卖店；有商标、无货源、想做杂货铺的卖家，可以选择专营店。

1.2.3 速卖通平台的收费标准

卖家在速卖通开设店铺销售商品需要支付两部分费用，一是保证金，二是平台交易手续费。

1. 保证金

速卖通实行保证金制度，即卖家在速卖通开店需要缴纳保证金。目前，一个店铺只能选择一个经营范围，卖家可在该经营范围内经营一个经营大类（只有个别经营范围下可选择多个经营大类）。保证金按店铺入驻的经营大类收取，如果店铺入驻多个经营大类，则保证金为多个经营大类中的最高金额，整个店铺仅收取一次保证金。

卖家在入驻速卖通的时候需要存缴一笔保证金，如果卖家不打算在平台上继续经营而选择退出时，待卖家将所有的交易全部处理完成后，速卖通会把结余的保证金退还给卖家；如果卖家店铺因为违规被关闭，保证金则会被扣除不予退还。经营大类保证金（开店保证金）因违规被扣除不予退还的金额，取决于开通经营大类缴纳冻结的数额。

例如，某卖家在2013年3月25日入驻速卖通时存缴10000元的保证金，该卖家诚信经营，中途没有出现违规扣罚的情况，2018年12月2日，该卖家退出经营，待卖家将所有的交易全部处理完成后，平台将10000元保证金如数退还。

保证金会在卖家申请退出的30天后解冻到支付宝可用余额，建议卖家在所有订单处置妥当后再申请退出，如果保证金解冻前，卖家存在违规的情况，平台会按照规则进行扣罚。

2．平台交易手续费

速卖通平台会对店铺实时划扣交易佣金及其他服务费（如适用）。卖家就享受的发布信息技术服务需要按照其订单销售额的百分比支付佣金。速卖通各类目交易佣金标准不同，卖家需要及时关注速卖通关于交易佣金的相关规定。速卖通仅针对最终成交的订单金额收取佣金，如果订单取消、卖家退款，速卖通将按照相应比例退还佣金。

课堂实操：开通速卖通店铺

卖家在申请开通速卖通店铺前需要准备好以下相关资料，若资料不完整，将无法成功开通。

- 公司营业执照彩色扫描件（需在公司执照有效期内）
- 开店公司企业支付宝账号或公司对应法定代表人个人支付宝账号
- 法定代表人、股东基本信息（含身份证信息）
- 联系方式（卖家公司的联系邮箱、电话等）

开通速卖通店铺的具体操作方法如下。

（1）登录全球速卖通卖家端首页，单击页面右上角的"注册"按钮，如图1-3所示。

图1-3 登录卖家端首页

（2）根据页面提示填写相关信息，选中"您申请入驻即表明同意平台《免费会员协议》《交易服务协议》《中国卖家隐私政策》和支付宝为您核查开户及提供交易服务所涉及的相关授权和协议。"单选按钮，然后单击"下一步"按钮，如图1-4所示。

（3）进行企业信息认证，卖家可以选择使用企业支付宝认证，也可以选择使用企业法定代表人支付宝认证。在此选择使用企业法定代表人支付宝认证，单击"自行填报入驻信息并通过企业法定代表人授权认证"下的"去认证"按钮，如图1-5所示。

图 1-4 填写信息

图 1-5 单击"去认证"按钮

（4）按照页面提示填写法定代表人信息，并提交相关资料，卖家需要使用提交的企业营业执照法定代表人支付宝账号进行扫码授权。等待平台审核，平台审核时间预计需要 1～3 天，如图 1-6 所示。

（5）入驻审核通过后，进入平台的开店任务页面，单击"开通资金账户"按钮，如图 1-7 所示，开通国际支付宝资金账户。

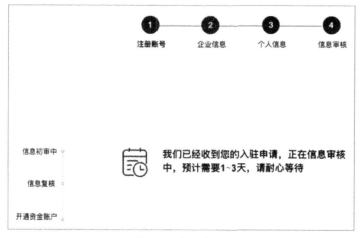

图 1-6　等待审核

图 1-7　开店任务页面

（6）返回开店任务页面，单击"开通经营大类&缴纳保证金"后面的"立即申请"按钮，进入类目经营权限申请页面，单击"类目申请"按钮，如图 1-8 所示。待资质申请通过、缴费完成，店铺就会开启，卖家就可以发布对应类目的商品了。

图 1-8　单击"类目申请"按钮

1.2.4 速卖通"中国好卖家"

自速卖通平台实施企业化、品牌化升级以来，优质品牌商家迎来了拓展境外市场、打造国际品牌的宝贵机遇。为了帮助更多的优质企业、优质品牌出境，速卖通平台推出"中国好卖家"项目，为企业量身定制了各种资源与保障，为其出境保驾护航。

1. "中国好卖家"的申请要求

成为速卖通"中国好卖家"的卖家可以享受多项权益，包括流量权益、营销权益、身份标识、广告权益、服务权益、店铺工具、金融权益等。

目前，速卖通"中国好卖家"卖家自主申请渠道仅针对新卖家（近12个月开设的店铺）开放申请，其资质要求包含硬性指标与软性指标两方面，硬性指标是各个行业对应的经营指标要求，是符合"中国好卖家"的基础条件；软性指标是指卖家的团队保障、配合意愿、供应链投入、物流投入等方面的要求。"中国好卖家"资质要求如表1-3所示，卖家经营能力证明要求如表1-4所示。

表1-3 "中国好卖家"资质要求

资质类型	具体说明
年成交要求（硬性指标）	根据卖家经营渠道不同、经营类目不同，对卖家年成交金额的具体要求有所不同，卖家需要根据自身经营渠道、经营类目来确定自身应该符合的要求
店铺要求（硬性指标）	① 品牌资质：TM标/R标； ② 店铺绑定钉钉； ③ 店铺装修：符合"中国好卖家"装修标准，例如有品牌故事和专属店铺承接页等； ④ 店铺在线商品数要求：大服饰类目店铺在线商品数≥25个、大美家类目店铺在线商品数≥15个、大科技类目店铺在线商品数≥10个
投入要求（软性指标）	① 团队保障：电商团队人数≥5人，有专人对接速卖通运营，且有电商运营能力背景优先； ② 配合意愿：积极配合，积极参与平台经营，经营合规； ③ 供应链投入：有自有工厂/合作工厂的卖家优先； ④ 物流投入：有海外仓能力的卖家优先准入，适用于汽摩配、假发等行业

表1-4 卖家经营能力证明要求

经营能力证明类型	资质要求	特别注意
跨境电商（含独立站）	① 其他跨境电商平台店铺连续12个月的交易额截图、该店铺对应的公司主体信息后台截图； ② 店铺服务指标截图 （备注：以上截图中必须显示店铺名称或账号名称；亚马逊、eBay、Wish、Lazada、Shopee、阿里巴巴国际站、敦煌网、SHEIN等平台均为跨境电商平台/独立站）	提供经营能力证明的主体需要与速卖通店铺主体一致；如果不一致，需提交相关资料证明两个经营主体具有关联关系，平台认可的主体关联关系包括以下类型。 ① 公司法人相同：需补充两家公司的营业执照图片； ② 公司之间具有控股关系：需补充两家公司的营业执照和工商登记信息截图
传统电商	① 传统电商平台店铺连续12个月的交易额截图、该店铺对应的公司主体信息后台截图； ② 店铺服务指标截图 （备注：以上截图中必须显示店铺名称；淘宝、天猫、京东、唯品会等平台均为传统电商平台）	
传统外贸商家	提供出口正式报关单（盖报关专用章、不接受预录单）或企业出口纳税证明	

续表

经营能力证明类型	资质要求	特别注意
传统内贸商家	① 企业账户或公司法人银行流水（盖公司公章）； ② 线下经营场所照片（运营中心、工厂及仓库）	

2. 申请"中国好卖家"的流程

卖家若符合"中国好卖家"资质要求，可以向速卖通平台申请，申请流程如图1-9所示。

图1-9　申请速卖通"中国好卖家"的流程

素养提升

高素质人才应该具有独立生存的自信心、不断创新的进取心，为理想而奋斗的实践能力。新时代的人才要敢闯敢干，具有独立面对生活、迎接挑战的勇气和信心，要勇于闯新路、创新业，不断开辟事业发展新天地。

▋ 课堂实操：申请"中国好卖家"

卖家申请"中国好卖家"的具体操作步骤如下。

（1）登录"中国好卖家"申请页面，查看店铺是否满足基本资质，不满足则按提示完善。符合基本资质后，单击"马上申请"按钮，如图1-10所示。

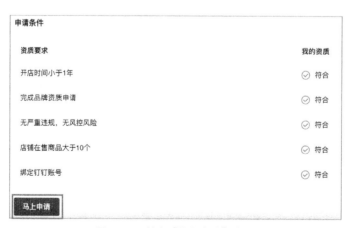

图1-10　单击"马上申请"按钮

（2）进入资质提报页面，根据页面提示填写店铺背景信息，如图1-11所示。

图 1-11　填写店铺背景信息

（3）请根据所选择的卖家实力资质类型，按示例提交交易额截图、服务指标截图、店铺主体截图等证明材料，如图 1-12 所示。

图 1-12　提交证明材料

（4）填写店铺在速卖通平台上的运营情况，然后单击"提交"按钮，如图 1-13 所示。

图 1-13　填写店铺在速卖通平台上的运营情况

（5）提交资料 5 个工作日后，卖家可以登录速卖通店铺后台，单击"账号及认证"｜"我的信息"查看审核结果，如图 1-14 所示。

图 1-14　查看审核结果

3．"中国好卖家"的考核机制

卖家申请"中国好卖家"成功后需要参与考核，不符合考核标准的卖家将会被清出"中国好卖家"，具体考核机制如表 1-5 所示。

表 1-5　"中国好卖家"考核机制

卖家阶段	考核机制
新商保护期阶段（申请成功后 180 天内的店铺）	申请成功后 180 天内属于保护期，享银牌权益扶持，暂不考核
老商保护期结束（申请成功后 180 天以上的店铺）	180 天保护期结束后，接受银牌季度考核，季度不达标，则会被"中国好卖家"清出

📖 课后习题

1．什么是跨境电商？它与传统电商有什么区别？
2．速卖通店铺分为哪些类型？各类店铺有什么特点？
3．卖家申请加入"中国好卖家"需要满足哪些条件？

📖 课后实训：开通店铺

1．**实训目标**：掌握在速卖通平台上开通店铺的方法，会开通店铺。

2．**实训内容**：3～5人一组，以组为单位在速卖通平台上开通店铺。

3．**实训步骤**

（1）了解开店要求、规则

了解并学习速卖通平台开店的条件、相关规则、流程等知识。

（2）准备资料

确定店铺的类型，准备好开店所需的各种资料。

（3）开通店铺

根据自己了解的开店知识，登录酷校网，在该平台上开通速卖通店铺。

4．**实训总结**

学生自我总结	
教师总结	

市场选品：用高品质
商品顺利打开市场

学习目标

➢ 掌握选品需要考虑的因素与基本逻辑。
➢ 掌握差评数据分析法、组合分析法、行业动态分析法等选品方法。
➢ 掌握开展站内商品调研的方法。
➢ 掌握开展站外商品调研的方法。
➢ 掌握运用第三方数据分析工具调研的方法。
➢ 培养前瞻性思维，勇于捕捉机遇。
➢ 培养家国情怀，增强文化自信，向世界宣传家乡产品。
➢ 树立版权意识，保护自身和他人知识产权。

　　选品是电商业务的核心，错误的选品不仅会浪费卖家的时间，还会让卖家面临商品滞销的问题。要想做好选品工作，卖家要有正确的选品思路，不能凭借主观感觉做决策，而要遵循一定的原则和数据分析方法来进行选品。只有掌握选品技巧，才能做到有的放矢。

2.1 选品需要考虑的因素与基本逻辑

在跨境电商中，商品的选择对店铺的运营有着至关重要的影响。优质的商品能为店铺带来可观的销量，帮助店铺提升整体流量，提高商品在搜索结果中的排序，这些都会成为店铺的核心竞争力。

2.1.1 选品需要考虑的因素

在选品过程中，有的卖家觉得自己对某类商品比较熟悉，于是就直接开始进行销售；有的卖家从其他卖家的成功案例中列举的商品入手为自己选品；有的卖家自我感觉某种商品会很好卖，于是就开始销售，这些选品方法都是缺乏理性目标和思考的，最终的结果可想而知。店铺的选品不是靠想象就能决定的，而是要有思路、有原则，这样才能做到有的放矢。

在选品过程中，卖家需要考虑以下 3 个方面的因素。

1．国际市场情况

在进行选品前，卖家可以先对国际市场情况进行分析，如国际市场的环境分析、国际消费市场分析、国际市场商品分析等，当对国际上不同市场的特点有所了解后，然后在考虑国际市场特点的基础上进行选品。国际市场情况分析的主要内容如表 2-1 所示。

表 2-1　国际市场情况分析的主要内容

项目		具体说明
国际市场的环境分析	政治和法律环境	一个国家及地区的政治制度，经济政策，政府对对外贸易的态度；与外贸相关的法律法规，如关税、外汇制度、商品进出口卫生检疫制度、商品进出口安全管理制度等
	社会环境	一个国家及地区的人口数量和分布情况、交通情况、地理环境等
	经济环境	一个国家及地区的经济发展水平、经济发展前景、居民的就业情况、居民的收入水平、居民的消费水平等
	文化环境	一个国家及地区的主要语言、风俗习惯、居民的消费观念、居民的生活方式等
国际消费市场分析	电子商务市场规模	一个国家及地区的互联网普及率、互联网用户数量、网购人群规模、网购人群年龄结构、网购商品结构、电子商务交易金额等
	市场竞争情况	一个国家及地区中与自己销售同类或类似商品商家的商品结构、商品质量、商品价格水平、交易金额、所采取的营销推广手段、商品研发能力、市场占有率等
	消费者需求情况	一个国家及地区消费者的需求结构、需求痛点等
	消费者的消费能力	一个国家及地区消费者的经济水平、消费水平、对商品价格的要求等
	消费者的消费偏好	一个国家及地区消费者常用的电子商务网站、搜索引擎，消费者最常购买的商品、支付习惯、网购时间等
国际市场商品分析	商品供给情况	在国际市场上，某个品类或某款商品的市场规模、供应渠道、主要生产商及其生产能力，主要经销商和零售商的规模、经营能力、服务水平、资信情况等
	商品需求情况	国际市场对某个品类或某款商品的型号、质量、数量、价格、服务等的需求情况
	商品价格情况	国际市场上某品类商品或某款商品的价格水平，影响该品类商品或该款商品价格的因素
	商品推广情况	国际市场上某品类商品或某款商品的推广营销方式，如使用的推广营销媒体、花费的推广营销费用、推广营销的表现形式等

2．跨境物流运输方式

跨境电商的物流具有运输时间长、不确定因素多等特点。不同国家和地区的运送周期相差很大，速度快的 4～7 天即可送达，速度慢的则需要 1～3 个月才能送达。而在漫长的运输途中，商品包裹难免会受到挤压、抛掷等损害，也可能经历从寒冷到炎热的温差变化，还可能遭遇天气突变、海关扣关等状况。

因此，卖家在选品时要充分考虑物流运输中可能会出现的各种情况，考虑商品的保质期、耐挤压程度等因素。此外，由于跨境物流的费用较高，选品时也要考虑相应重量和体积的商品所产生的物流费用是否在自己可承受的范围之内。

3．判断货源优势

卖家在选品时还要考虑自身是否具有货源优势，要懂得如何寻找货源。对于初级卖家来说，如果其所处的地区存在一定规模的产业带，或者有体量较大的批发市场，可以考虑直接从市场上寻找现货；如果其没有现货资源，可以考虑从网上寻找货源。

对于有一定销售经验的卖家来说，他们已经具备了一定的判断哪些商品具有较高市场接受度的能力，可以选择自己比较有把握的商品，寻找工厂资源，进行少量下单试款；对于经验丰富且具有资金实力的卖家来说，可以尝试开发新款，先进行小批量预售，确认新款商品的市场接受度后再进行大批量生产，这样可以减少库存压力和资金压力。

2.1.2 选品的基本逻辑

在实际操作中，卖家选品要有清晰的思路，遵循一定的逻辑。要从广泛性、专业性、精选、坚持、重复与数据分析六个角度出发，理性、有逻辑性地开展选品工作。

1．广泛性

对于跨境电商卖家来说，选品的第一步是要有一个大范围、多类目的思维，而不是将目光局限在某一个品类上。这就要求卖家在初期选品时拓宽自己的思路，广泛涉猎多个类目的商品，能从众多类目中选出最适合自己的类目和商品来作为自己的发展方向。

2．专业性

通过对多个类目进行对比分析，找到自己感兴趣、有货源且销量和利润都较好的类目，并向专业的方向努力。卖家如果对自己所销售的商品没有专业的认知，仅有一个简单的了解，要想有所作为是很难的。因此，要想在当前几近透明的市场状态下战胜竞争对手，就应该先让自己在对商品的专业认知上超越竞争对手。

3．精选

随着卖家对自己所经营类目的专业知识的积累，对商品的理解也越来越深刻，卖家需要在此基础上做到精挑细选，反复筛选。根据帕累托法则，20%的产品带来 80%的利润，卖家需要尽力挖掘那 20%能够带来高利润的商品。

4．坚持

选品是一个长期的过程，它贯穿于店铺运营的始终，因此卖家在选品过程中不要有一劳永逸的思想。现在选品的成功不意味着未来这款商品能一直保持好销量，卖家应该经常做一些选品活动，让自己在拥有热卖爆款的同时，开发有潜力的趋势款为未来做准备。

5．重复

坚持的过程就是一个重复的过程。在重复的过程中，很多人会逐渐厌烦，失去激情和斗志，这也是一些卖家凭借某款商品引爆市场成为"销售明星"后却又很快沉寂下去，最终悄然消失的原因。

为了保持运营的长期稳定，卖家要始终保持对基本工作的热情。选品虽然是一个无趣的过程，但如果卖家长期坚持，反复精选，就会不断有新的发现。

6．数据分析

在选品初期，卖家很大程度上凭借的是直观感觉或比较基础性的分析。当店铺规模发展到一定阶段后，卖家已经积累了一定的经验，具备了足够高的专业度，对行业有了足够的认知。在这种情况下，卖家可能对所有商品都有了一定的了解，此时在选品上会受到自己认知和偏见的影响。

为了避免因认知和偏见而导致出现错失良品的现象，卖家在选品过程中要尽可能结合大数据分析来辅助选品。借助大数据分析工具，多维度地搜集相应的销售数据。与个人认知相比，大数据能够反映出更加客观的内容，卖家可以从中挖掘出一些之前未曾注意到的信息和商品。

> **素养提升**
>
> 一个人要赢得未来，必须要树立清晰、正确的目标，这需要我们有洞见未来的智慧、洞察需求的敏锐、"敢为天下先"的无畏，才能明确发展战略，占尽先机。在竞争激烈的跨境电商市场环境中，卖家只有具备前瞻性的思维，站在更高、更远、更前瞻的角度来思考问题、看待市场，才能更好地赢得光明的未来。

2.2　实施选品分析的方法

选品不能仅靠个人主观判断，应该将理性分析作为客观依据。进行选品分析的方法有很多种，卖家可以多尝试一些方法，在不断尝试的过程中找到最适合自己的方法。

2.2.1　差评数据分析法

差评数据分析法是评价数据分析法的重点。评价数据分析法是通过分析买家对商品的评价数据来判断买家的需求点，包括差评数据分析和好评数据分析。其中，差评数据分析就是通过搜集平台上热卖商品的差评数据，从中找出买家对商品的哪些方面不满意，然后对商品进行改良，以更好地满足买家需求，或者通过分析买家对商品的差评数据开发能够解决买家痛点的商品。

差评数据分析法以抓取商品数据为主，同时兼顾分析商品好评数据，从中寻找买家对商品真正的需求点和期望值。换句话说，差评数据分析法就是从商品好评中挖掘买家需求的痛点，从商品差评中寻找商品的不足之处并对商品进行完善。选择能够满足买家需求痛点的商品，自然能够提高商品的转化率，进而增加销量。

2.2.2　组合分析法

组合分析法是指用商品组合的思维进行选品。在建立商品线时，核心商品在其中占20%，用于获取高额利润；爆款商品在其中占10%，用于获取流量；基本商品在其中占70%，用于配合销售。因此，选品应该兼顾到不同目标客户的特点和需求，不能将所有商品都选在同一个价格段和同一个品质上，让商品有一定的价格和品质梯度，才更容易吸引不同的目标客户，进而产生更多订单。

核心商品应该选择小众化、利润高的商品；爆款商品应该选择热门商品或紧跟当前热点并即将流行的商品；基础商品应该选择性价比较高的商品。

无论是核心商品、爆款商品还是基础商品，选品时都必须对商品的毛利进行评估。简单来说，计算毛利的公式如下：

单品毛利=销售单价-采购单价-单品运费成本-平台费用-引流成本-运营成本

2.2.3　行业动态分析法

从行业的角度研究商品品类，是将每个商品品类都建立在中国制造的商品面向境外销售的整个行业背景下。了解中国出口贸易中某个商品品类的市场规模和主要目标国家及地区分布，对于认识该商品品类的运作空间和方向有着较大的指导意义。

卖家可以通过以下3种途径了解某个商品品类的出口贸易情况。

1．第三方研究机构或贸易平台发布的行业或区域市场调查报告

第三方研究机构或贸易平台具有独立的行业研究团队，它们具备全球化的研究视角和资源，所发布的研究报告往往可以为卖家提供较为系统的行业信息，如中国制造网、敦煌网都会发布一些行业研究报告。

2．行业展会

行业展会是行业中供应商为了展示新商品和技术、拓展渠道、促进销售、传播品牌而进行的一种宣传活动。卖家通过参加展会可以获得行业最新动态和企业动向，也可以登录深圳会展中心官网和中国会展网官网查询展会相关信息。

3．出口贸易公司或工厂

产品专员在开发产品时，需要与供应商进行直接的沟通。资质较老的供应商对所在行业的出口情况和市场分布都很清楚，产品专员可以通过他们获得较多有价值的市场信息。需要注意的是，产品专员要先掌握一定的行业知识后再与供应商进行沟通，否则可能被误导。

2.3　做好选品数据调研

电子商务是在信息技术化和互联网发展的背景下迅速兴起的行业，所以懂得快速利用互联网获取有价值的商务信息是当今电子商务从业人士必须具备的基本生存技能。数据驱动是指通过对各个业务节点的数据进行提取、分析及监控，让数据作为管理者决策、员工执行的有效依据，作为业务运营中的一个统一尺度和标准。一切以数据说话，一切以结果说话，就是数据驱动在实际工作中应用的体现。

2.3.1　站内商品调研

站内商品调研是指卖家根据速卖通平台的情况，结合一定的数据分析及自身的情况来选择要经营的行业及具体类目下的商品。速卖通的"生意参谋"能为卖家选品提供相应的数据参考，帮助卖家从行业、类目与属性等角度进行选品。

进入全球速卖通卖家后台，单击"生意参谋"选项卡，如图 2-1 所示。

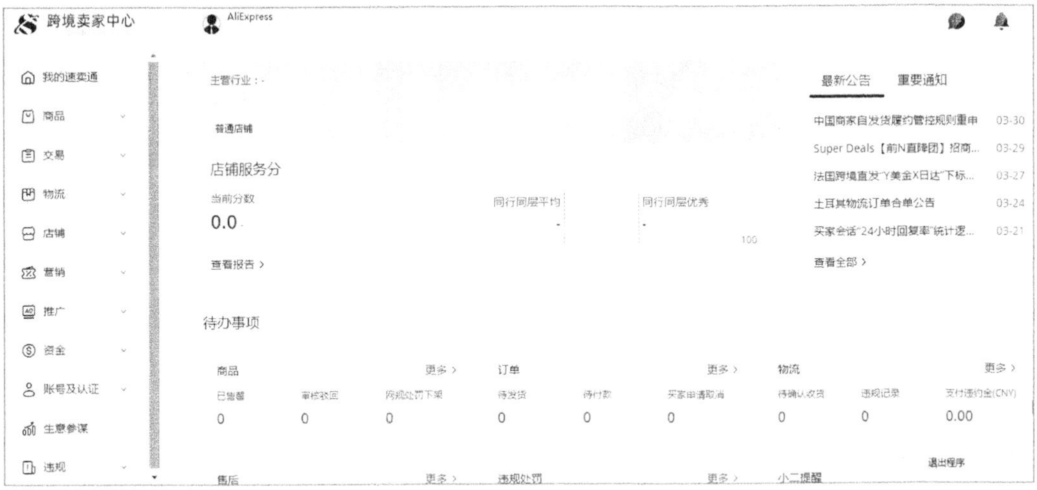

图 2-1　单击"生意参谋"选项卡

进入"生意参谋"页面，卖家使用"市场分析""搜索分析""选品专家"可以进行行业、商品的市场数据分析，图 2-2 所示为"市场分析"页面。

图 2-2　生意参谋的"市场分析"页面

课堂实操：使用生意参谋进行商品调研

生意参谋是阿里巴巴打造的一个数据平台，它集合了海量数据及店铺经营思路，不仅可以为卖家提供流量、商品、交易等店铺经营全链路的数据查询、分析、解读、预测等功能，还能指导卖家开展数据化运营。卖家使用生意参谋进行商品调研的方法如下。

1．行业调研

行业调研就是卖家分析速卖通平台各个行业的市场情况，从而确定自己要经营的行业的发展情况。

（1）进入"生意参谋"页面，单击"市场分析"｜"市场大盘"选项卡，设置搜索条件，查看某行业的市场大盘情况，包括行业趋势、行业构成、国家构成等。

通过查看行业趋势，卖家可以加强对某个行业的投入或避开一些竞争过于激烈的"红海"市场。例如，设置搜索条件为"电脑和办公"、全部国家及地区、所有平台、近 30 天，图 2-3 所示为市场大盘中"电脑和办公"行业在全部国家及地区、所有平台、近 30 天的行业趋势分析。

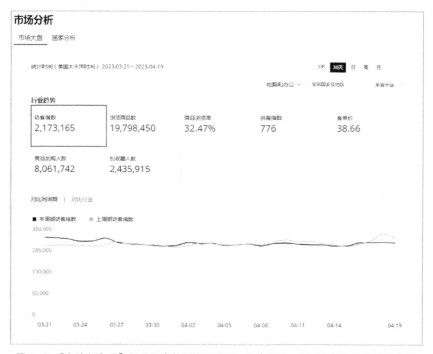

图 2-3　"电脑和办公"行业在全部国家及地区、所有平台、近 30 天的行业趋势分析

（2）通过分析行业构成，卖家可以了解所选行业的子行业的市场情况，如图 2-4 所示。可以看出，按照搜索指数从高到低排序，"电脑和办公"行业下的子行业"Computer Peripherals"（计算机外围设备）的搜索指数排名最高，说明买家搜索该行业的商品较多。

行业构成

排名	行业	搜索指数 ▼	交易指数	在线商家占比	供需指数	父类目金额占比	客单价	操作
1	Computer Peripherals 较前30日	997,069 +2.97%	10,778,016 +17.37%	50.91% -0.25%	669 +2.97%	15.99% +5.75%	19.51 +6.55%	趋势
2	Tablet Accessories & Parts 较前30日	736,896 +6.10%	6,941,905 +3.95%	38.40% +0.21%	560 +5.84%	7.10% -15.48%	23.32 -2.06%	趋势
3	Office Electronics 较前30日	720,221 -0.33%	7,555,730 +1.71%	25.68% +0.51%	697 -1.64%	8.30% -18.79%	62.84 -2.59%	趋势
4	Laptop Parts & Accessories 较前30日	688,548 +4.59%	6,102,568 +2.47%	34.13% -0.38%	556 +4.54%	5.60% -17.65%	24.72 -3.89%	趋势
5	Computer Components 较前30日	682,289 +3.50%	13,780,907 +15.56%	19.51% -1.41%	789 +4.25%	25.19% +2.82%	79.94 +0.50%	趋势

图 2-4　"电脑和办公"行业在全部国家及地区、所有平台、近 30 天的行业构成分析

（3）单击操作下方的"趋势"超链接，卖家可以查看相应子行业各项指标的变化趋势，图 2-5 所示为"Computer Peripherals"的搜索指数、交易指数、供需指数近 30 天的变化趋势。

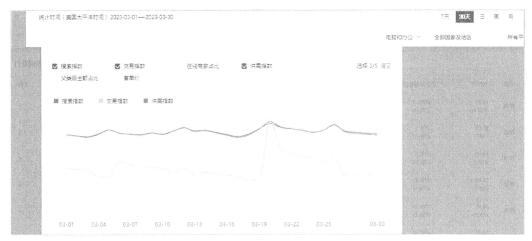

图 2-5 "Computer Peripherals"的搜索指数、交易指数、供需指数近 30 天的变化趋势

（4）通过分析国家构成，卖家可以了解所选行业在不同国家及地区的市场情况，如图 2-6 所示。可以看出，近 30 天，"电脑和办公"行业在巴西的访客指数排名最高，且浏览商品数、商品浏览率、供需指数、商品加购人数、加收藏人数都呈正增长，说明该行业近 30 天在巴西市场表现较好。

排名	国家&地区	访客指数 ▼	浏览商品数	商品浏览率	供需指数	客单价	商品加购人数	加收藏人数	操作
1	巴西 较前30日	823,070 +10.67%	4,773,446 +8.52%	24.61% +8.18%	234 +8.32%	66.30 -8.94%	1,492,338 +42.62%	783,075 +20.30%	趋势
2	俄罗斯 较前30日	797,519 -2.40%	7,450,058 -4.40%	23.45% +3.99%	235 -6.04%	51.73 +5.40%	1,334,546 +1.28%	12,080 -38.84%	趋势
3	西班牙 较前30日	456,211 +4.29%	2,970,622 +1.71%	23.18% +2.98%	119 +4.12%	20.53 +1.73%	546,171 +25.04%	127,290 +7.55%	趋势
4	韩国 较前30日	428,086 +15.38%	2,799,825 +5.70%	18.85% -1.36%	113 +15.92%	38.09 +45.33%	493,093 +47.18%	68,420 +19.39%	趋势
5	美国 较前30日	402,828 +5.32%	2,619,297 -6.91%	21.19% -7.14%	99 +5.83%	50.48 +8.54%	437,609 +27.78%	154,726 +11.64%	趋势

图 2-6 "电脑和办公"行业在全部国家及地区、所有平台、近 30 天的国家构成分析

（5）单击"国家分析"选项卡，卖家可以了解所选行业在不同国家及地区的市场表现。"国家分析"包括"机会国家"分析、"单国家分析"和"商品研究"三个部分。

"机会国家"分析是指卖家所选行业在各个机会国家的表现，如图 2-7 所示。卖家可以重点关注"高 GMV（Gross Merchandise Volume，成交总额，指一定时间段内商品交易总额）高增速"和"高 GMV 低增速"国家及地区的数据分析。可以看出，所选行业在巴西、韩国、西班牙、俄罗斯、美国、墨西哥等国家有较好的表现。

（6）"单国家分析"是指卖家所选行业在所选国家及地区的表现。"单国家分析"包括所选国家及地区细分市场分析（见图 2-8），买家属性分析（见图 2-9），汇率、温度与降水（见图 2-10），以及节日分析（见图 2-11）等。借助买家属性分析，卖家可以了解所选国家及地区买家的消费行为特征，构建清晰的人群画像；借助节日分析，卖家可以了解所选国家及地区一年之内的各种节日，以便根据各个节日时间点选择适合参加节日营销的商品。

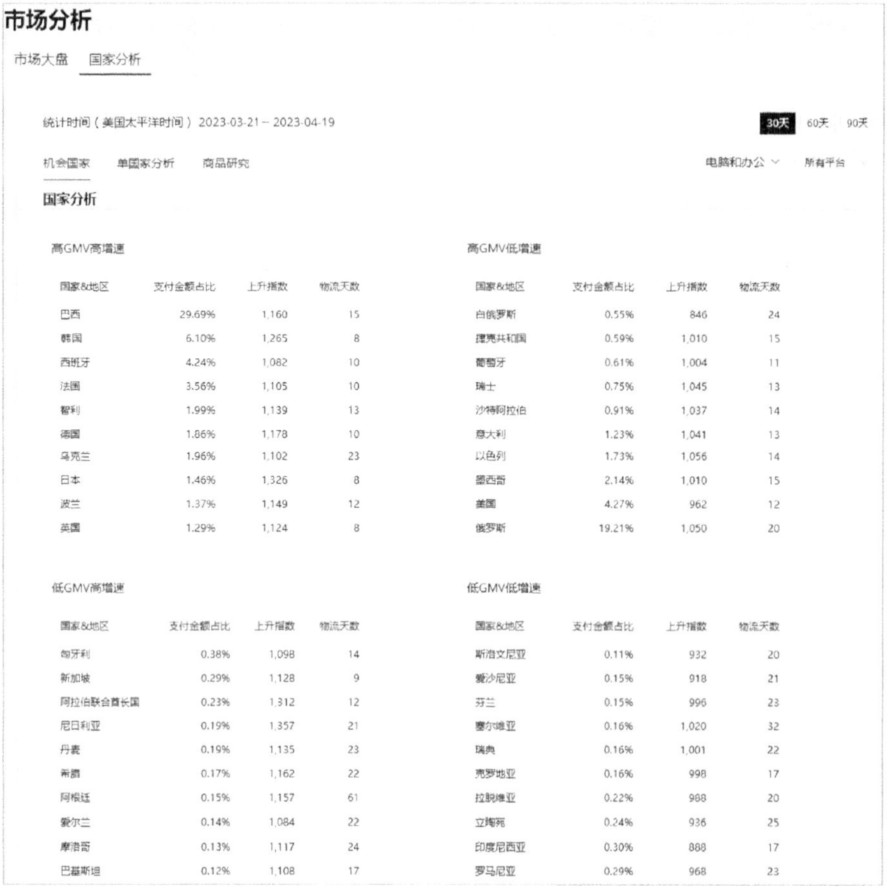

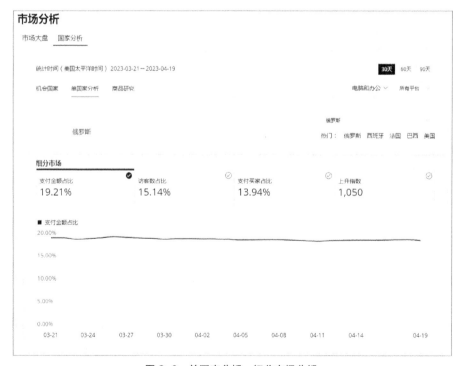

图 2-7 "机会国家"分析

图 2-8 单国家分析—细分市场分析

买家属性

城市分布		子订单均价分布	
城市	支付买家占比	笔单价	支付买家占比
Москва г	13.07%	0~2.3	17.77%
Санкт-Петербург г	6.10%	2.3~5.08	19.59%
Новосибирск г	1.79%	5.08~21.35	27.42%
Екатеринбург г	1.77%	21.35~99.05	23.03%
Краснодар г	1.51%	99.05~999999.99	12.20%
Ростов-на-Дону г	1.40%		
Нижний Новгород г	1.35%		
Красноярск г	1.11%		
Челябинск г	1.06%		
Пермь г	1.02%		

购买次数分布		年龄分布	
购买次数	支付买家占比	年龄	支付买家占比
1	80.96%	未知	0.26%
2	12.73%	18~24	6.12%
3	3.62%	25~34	36.55%
4	1.34%	35~44	41.97%
5	0.62%	45~54	10.99%
6-10	0.62%	55~64	3.51%
Other	0.00%	65~100	0.60%
10+	0.11%		

图 2-9　单国家分析—买家属性分析

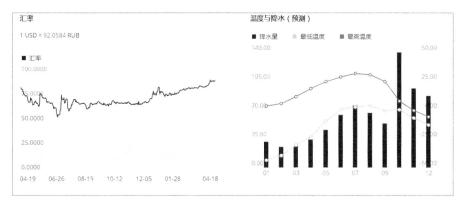

图 2-10　单国家分析—汇率、温度与降水分析

节日			2023
节假日日期	星期	节假日名称	节假日类型
20230101	Sunday	New Year's Day	National holiday
20230102	Monday	New Year Holiday Week	National holiday
20230102	Monday	New Year Holiday	National holiday
20230103	Tuesday	New Year Holiday	National holiday

图 2-11　单国家分析—节日分析

（7）"商品研究"是指卖家所选某款商品在不同国家及地区的市场表现，包括买家等级分布、购买次数分布、网购偏好、下单支付时间分布等，如图 2-12 所示。

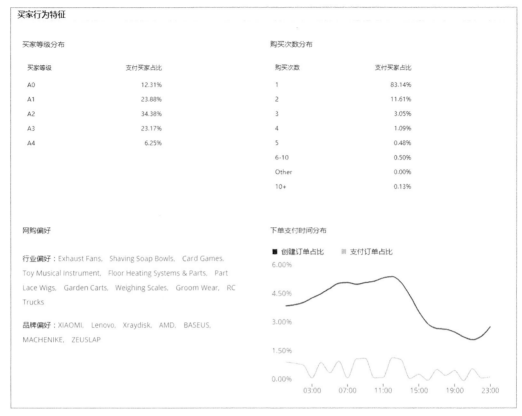

图 2-12　商品研究

2．类目调研

分析某个行业市场情况后，接下来卖家可以分析这个行业下不同类目的商品市场表现，即类目调研。

（1）了解目标行业下的类目

进行类目调研之前，卖家必须要了解所选行业下平台目前有哪些类目的商品。卖家在发布商品时，通过选择类目可以了解该行业的具体类目。

（2）了解卖家热卖商品与买家最需要的商品

对一个行业下的商品类目有所了解后，卖家还要了解平台上的其他卖家都在卖哪些类目下的商品，以及平台买家需要哪些商品，这时就要用到"生意参谋"中的"选品专家"。

① 单击"生意参谋"|"选品专家"选项卡，进入"选品专家"页面，其中提供了"热销"和"热搜"两个选项卡。其中，热销是从卖家的角度来说的，热搜是从买家的角度来说的。

单击"热销"选项卡，设置搜索条件，在此设置搜索条件为"电脑和办公"行业、全部国家及地区、最近 30 天，如图 2-13 所示。圆圈越大，表示商品的销售量越高；圆圈的颜色越红，表示商品的竞争度越大（仅从计算机可见）。可以看出，printer ribbon（打印机色带）、laptop battery（笔记本电脑电池）、replacement keyboard（更换键盘）、tablet lcds（平板液晶显示器）、printer part（打印机部件）的销售量较高，且竞争度也较大。

② 单击"热搜"选项卡，设置搜索条件，在此设置搜索条件为"电脑和办公"行业、全部国家及地区、最近 30 天，如图 2-14 所示。圆圈越大，表示商品销售量越高。可以看出，各个类目的热搜情况相差不大，说明各个类目下的商品销售量相差不大。

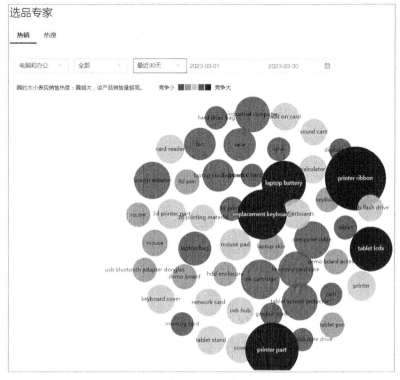

图 2-13　"电脑和办公"热销分析

图 2-14　"电脑和办公"热搜分析

③ 从卖家和买家两个角度进行分析，如果一个行业下某个类目在卖家中是"热销"，同时在买家中是"热搜"，说明该类目的商品是比较好卖的。

3．属性调研

使用选品专家，卖家还可以对某款商品进行关联商品、热销属性和热销属性组合等调研。

（1）单击"生意参谋"|"选品专家"选项卡，然后单击"热销"选项卡，选择"行业"为"电脑和办公"，选择"国家及地区"为"全部"，选择时间为"最近30天"，在结果中单击"ink cartridge"（墨盒）类目，如图2-15所示。

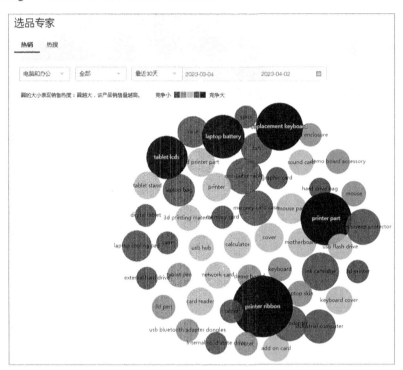

图2-15 单击"ink cartridge"（墨盒）类目

（2）进入"laptop bag"（笔记本电脑包）销量详细分析页面，可以看到该产品的Top关联产品（见图2-16）、Top热销属性（见图2-17）、热销属性组合（见图2-18）分析。

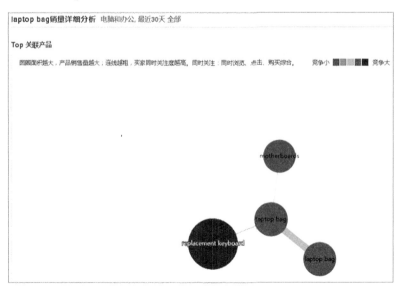

图2-16 "laptop bag"（笔记本电脑包）Top关联产品分析

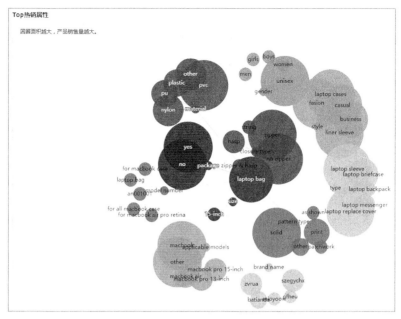

图 2-17　"laptop bag"（笔记本电脑包）Top 热销属性分析

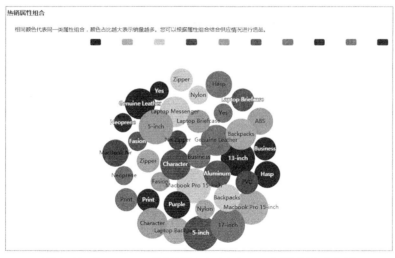

图 2-18　"laptop bag"（笔记本电脑包）Top 热销属性组合分析

　　Top 关联产品是指买家同时关注的产品。其中，产品与产品之间的连线越粗，其关联性就越强，即买家同时关注度越高。圆圈越大，表示该产品的销量越高。圆圈的颜色表示产品的竞争情况，颜色越红，竞争越激烈；颜色越蓝，竞争越小（仅从计算机可见）。从图 2-16 中可以看出，"replacement keyboard"（更换键盘）与 "laptop bag"（笔记本电脑包）有较强的关联性，且该产品的销量较高，同时竞争度也较大。"motherboards"（主板）与 "laptop bag"（笔记本电脑包）也有一定的关联性，且该产品有一定的销量，同时竞争度相对较小。卖家在销售 "laptop bag"（笔记本电脑包）的同时可以考虑同时销售 "motherboards"（主板）。

　　Top 热销属性是指某个产品热销的属性。圆圈面积越大，产品销售量越高。不同的颜色在此图中只做属性分类使用。从图 2-17 中可以看出，带有 "laptop cases"（电脑包）、"liner sleeve"（内衬）、"laptop sleeve"（笔记本电脑套）、"laptop replace cover"（笔记本电脑更换盖）等属性的产品的销售量较高，卖家可以考虑选择带有这些属性的产品进行销售。

热销属性组合指的是某个产品的热销属性组合。相同颜色代表同一类属性组合，颜色占比越大，表示销量越高。从图 2-18 中可以看出，黄色、橘色、蓝色代表的属性组合的销售量较高，卖家可以考虑选择带有这些属性的产品进行销售。

2.3.2 站外商品调研

卖家可以借助一些站外资源作为自己选品的参考，如参考其他同类电商平台的商品、目标国家及地区的本土电商网站及社交网站等。

1．参考其他同类电商平台的商品

卖家可以分析 eBay、亚马逊、敦煌网等跨境电商平台上的热销商品及商品销售数据等信息，以辅助自己进行选品。

2．参考目标国家及地区的本土电商网站

卖家可以参考目标国家及地区的本土电商网站，通过分析当地电商平台上的热销商品款式作为自己选品的参考。表 2-2 所示为目标国家及地区的本土电商网站，供卖家参考。

表 2-2　目标国家及地区的本土电商网站

国家及地区	网站名称	简介
美国	Walmart	沃尔玛百货，美国知名的线下零售商，经营连锁折扣店和仓储式商店的跨境零售公司
	Best Buy	家用电器和电子产品零售集团
	Macy's	梅西百货，美国中档连锁百货公司，以经营消费类商品为主，商品种类丰富
俄罗斯	UImart	俄罗斯最大的电商平台之一，成立于 2008 年，销售商品涵盖家电、手机、计算机、汽配、服装、母婴、家装、图书等品类
	Ozon	主营业务为在线销售图书、电子产品、音乐和电影等，常被称为"俄罗斯亚马逊"
	Wildberries	主营时装、鞋子及配饰的大型网络商店，产品目录中包含 1 000 多种时装品牌，可为用户提供超过 10 万款时尚女装、男装和童装，其产品目录每天都会更新
	Lamoda	俄罗斯时尚服装电商平台
巴西	Mercadolivre	魅卡多网，巴西本土最大的 C2C 平台，相当于中国的淘宝网。卖家利用好这个平台，不仅可以了解巴西各类物价指数、消费趋势、付款习惯等市场信息，还可以进行市场调研及前期销售
西班牙	Elcorteingles	西班牙最大的百货集团，同时也有电商平台，在该网站可以看到一些西班牙本土品牌的商品
法国	Cdiscount	主要销售新品和二手产品，经营范围涵盖家居用品、玩具、家具、母婴用品、体育用品和电子产品等
	FNAC	法国著名的文化产品和电器产品零售商之一，有超过 1 000 万种产品，以图书、CD、DVD、游戏和摄影作品等产品为主，也有科技产品、家居产品和园林产品、书籍、运动和婴儿用品。除本国之外，产品主要销往比利时、葡萄牙和西班牙等国家及地区
	La Redoute	法国著名时尚和家居品牌，产品涵盖女装、男装、孕妇装、童装、配饰和鞋等

3．参考社交网站

人们喜欢在一些潮流网站及社交网站（如 Facebook、Twitte、Tumblr、Pinterest 等）上分享一些奇闻乐事，也有些博主"网红"会向用户推荐时尚潮流的新品，这些都可以作为卖家选择商品的参考。

4．名人及影视作品

名人往往是大众关注的焦点，他们使用的商品往往具有较强的销售潜力。一些热门的影视作品往往会衍生出一系列畅销商品。卖家在选品时可以将其作为参考，但在开发影视作品周边产品时要注意避免侵权。

5．大型文体活动

一些大型文体活动也可能会带来流行商品的购买热潮。例如，奥运会、世界杯等全球性的体育赛事会引起阶段性的流行趋势，在此期间的赛事周边商品往往会销售火爆；名人演唱会也会带动很多周边纪念品的热销。

> **素养提升**
>
> 随着跨境电商的繁荣发展，中国文化不断向海外输出，并被广泛传播和认可，具有中国特色的商品在跨境电商平台上走向世界。中国文化不断向外输出，不仅展现了中国独具特色的文化底蕴，也增强了国民的文化自信。中国卖家要更好地利用跨境电商这个平台，展示自己的商品和民族文化。

2.3.3　使用第三方数据分析工具调研

除了使用速卖通平台提供的工具进行选品数据分析之外，卖家还可以借助 Google Trends、Keyword Spy、Alexa 等第三方工具进行数据分析和调研，为自己的选品工作提供更多、更有效的数据参考。

Google Trends 是一款用来判断关键词在谷歌搜索中趋势走向的工具。以"Christmas"为关键词进行搜索，其在 Google Trends 中的搜索趋势走向如图 2-19 所示。

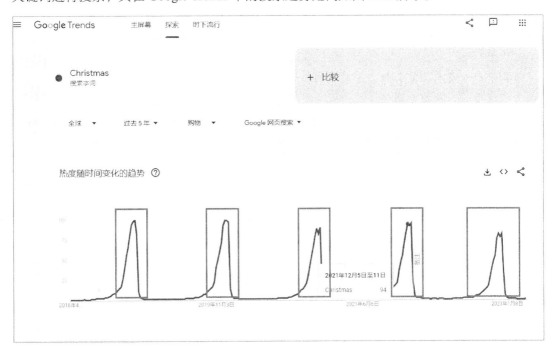

图 2-19　"Christmas"过去 5 年的搜索趋势走向

由图2-19可以看出，在全球范围内过去5年间，与Christmas相关的商品在一年之中只有一次最热的点，每年9月开始，市场对与Christmas相关的商品的关注度逐渐提升，10月、11月高速增长，到12月进入最高峰，之后迅速跌至低谷。卖家如果打算销售与圣诞节相关的商品，就应该提前准备商品和相关的推广活动，这样才能在商品的整个热度周期内占领市场。

Keyword Spy是一款能在线搜索关键字竞价信息、有效跟踪和检测竞争对手在搜索引擎上的关键字竞价的工具。该工具提供的实时统计报告能为用户描述竞争对手每小时、每天、每周、每月的搜索引擎广告活动表现。

在搜索框中输入想要查询的关键字，如"laser cutting machine"（激光切割机），然后选中"Keywords"单选按钮，并选择要查询的目标国家及地区，再单击"Search"按钮，关键词统计搜索结果如图2-20所示。

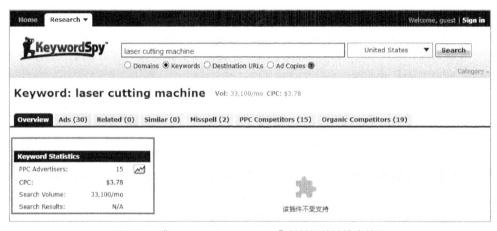

图2-20 "laser cutting machine"关键词统计搜索结果

Alexa能为用户提供网站的Alexa排名查询、网站流量查询、网站访问量查询及网站页面浏览量查询服务。

素养提升

知识产权是人们就其智力劳动成果所依法享有的专有权利。随着我国跨境电商交易规模的极速增长，跨境电商领域的纠纷，尤其是知识产权类纠纷日渐增多，知识产权已经成为制约跨境电商的重要竞争手段之一。跨境电商卖家要正视知识产权的重要性，提升知识产权的意识，了解知识产权的规则，及时注册商标、专利、版权，把握主动权，在面对其他企业侵权时可以有效运用知识产权维护企业利益。

课堂实操：使用第三方数据分析工具进行商品数据分析

在实际操作中，卖家可以先通过Google Trends工具对某个品类的周期性特点进行分析和研究，把握商品开发先机，然后借助Keyword Spy工具发现该品类的搜索热度和品类热搜关键词，最后借助Alexa工具对该品类中的竞争对手网站进行分析，作为对目标市场该商品品相分析和选择的参考。这样，卖家通过综合运用多种分析工具，即可全面掌握商品品类选择的数据依据。

下面以"Swimwear"（泳装）为例，详细介绍综合运用Google Trends、Keyword Spy和

Alexa 工具进行商品数据分析的方法。

1．使用 Google Trends 分析商品周期性特点

（1）登录 Google Trends，在搜索框中输入关键词"Swimwear"，然后单击"探索"按钮，如图 2-21 所示。

图 2-21　输入搜索关键词

（2）选择国家及地区分别为"美国"和"澳大利亚"，设置搜索时间范围为"2022 年"。该关键词在美国的搜索结果如图 2-22 所示，在澳大利亚的搜索结果如图 2-23 所示。

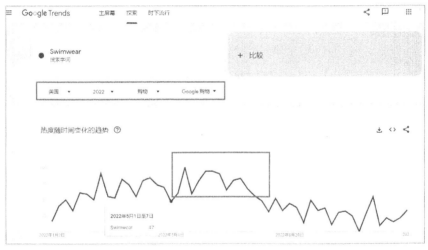

图 2-22　"Swimwear"在美国的搜索结果

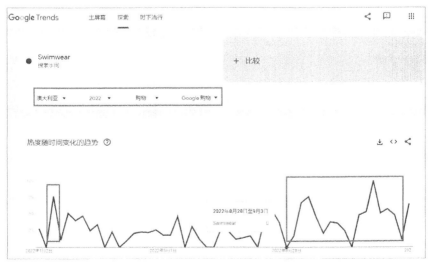

图 2-23　"Swimwear"在澳大利亚的搜索结果

（3）由图 2-22 和图 2-23 可以看出，在北半球的美国，5—7 月为泳装搜索的高峰期；而在南半球的澳大利亚，1 月、9—12 月为泳装搜索的高峰期。采用同样的方法，再分别查看 2021 年、2020 年、2019 年关键词"Swimwear"在美国、澳大利亚的搜索热度变化趋势，发现其在美国的搜索热度高峰期基本上是在 5—7 月，在澳大利亚的搜索热度高峰期基本上是在 1 月、9—12 月。由此可以看出，在美国市场，泳衣类商品的销售高峰期为 5—7 月；在澳大利亚市场，泳衣类商品的销售高峰期为 1 月、9—12 月。因此，对于美国市场的泳衣类商品的开发，卖家最好在 3—4 月完成，而对于澳大利亚市场的泳衣类商品的开发，卖家则需要在 8—9 月完成。如果卖家不知道目标市场品类热度的周期规律，必然会错过销售高峰期。

2. 使用 Keyword Spy 分析竞争对手网站

在获得了商品品类开发的时间规律后，卖家可以通过 Keyword Spy 工具寻找需要参考的竞争对手网站。

（1）进入 Keyword Spy 首页，在搜索框中输入关键词"Swimwear"，选择目标市场为"美国"，选中"Keywords"单选按钮，然后单击"Search"按钮，如图 2-24 所示。

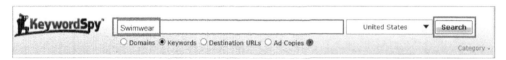

图 2-24　设置搜索条件

此时，得到的搜索结果如图 2-25 所示。

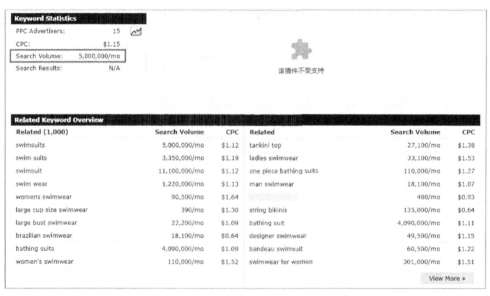

图 2-25　"Swimwear"在美国市场的搜索热度

（2）图 2-25 中的数据表明，在美国市场，"Swimwear"的月搜索量约 500 万次，市场热度较高。与"Swimwear"相关的热门关键词如图 2-26 所示。

（3）卖家可以将搜索量最大的几个关键词作为泳装的主关键词，如"swimsuit""swim wear""bathing suits""swimsuits""swim suits"等，可以将其他关键词作为长尾关键词。卖家如果将这些关键词用在商品标题、商品描述中，就会大大提高商品被搜索到的概率。

Related Keyword Overview

Related (1,000)	Search Volume	CPC	Related	Search Volume	CPC
swimsuits	5,000,000/mo	$1.12	tankini top	27,100/mo	$1.38
swim suits	3,350,000/mo	$1.19	ladies swimwear	33,100/mo	$1.53
swimsuit	11,100,000/mo	$1.12	one piece bathing suits	110,000/mo	$1.27
swim wear	1,220,000/mo	$1.13	man swimwear	18,100/mo	$1.07
womens swimwear	90,500/mo	$1.64		480/mo	$0.93
large cup size swimwear	390/mo	$1.30	string bikinis	135,000/mo	$0.64
large bust swimwear	22,200/mo	$1.09	bathing suit	4,090,000/mo	$1.11
brazilian swimwear	18,100/mo	$0.64	designer swimwear	49,500/mo	$1.15
bathing suits	4,090,000/mo	$1.09	bandeau swimsuit	60,500/mo	$1.22
women's swimwear	110,000/mo	$1.52	swimwear for women	301,000/mo	$1.51
				View More »	

图 2-26　与"Swimwear"相关的热门关键词

图 2-27 所示为"Swimwear"对应的主要竞争对手网站列表。

Competitors Overview

PPC Competitors (15)	Keywords	Organic Competitors (19)	Keywords
ae.com	3,610	macys.com	29,578
doll.com	283	nordstromrack.com	6,962
BareNecessities.com	4,711	us.asos.com	7,787
cupshe.com	1,040	hm.com	7,152
us.asos.com	7,787	swimoutlet.com	5,185
foreveryoungswimwear.com	64	shopbop.com	3,047
EverythingButWater.com	297	venus.com	3,557
shein.com	635	adoreme.com	1,628
chubbiesshorts.com	609	loft.com	1,014
us.shein.com	4,914	everythingbutwater.com	297
View More »		View More »	

图 2-27　"Swimwear"对应的主要竞争对手网站列表

（4）在以上网站中，卖家可以重点关注原始关键词较多的网站，如图 2-28 所示。

Organic Competitors (19)	Keywords
macys.com	29,578
nordstromrack.com	6,962
us.asos.com	7,787
hm.com	7,152
swimoutlet.com	5,185
shopbop.com	3,047
venus.com	3,557
adoreme.com	1,628
loft.com	1,014
everythingbutwater.com	297

图 2-28　"Swimwear"对应的原始关键词较多的网站

3．使用 Alexa 分析网站目标市场及分布

下面将以图 2-29 中通过 Keyword Spy 发现的 macys.com 为例，利用 Alexa 工具进一步对该网站进行分析，以确定其是否可以作为选品数据分析的参考网站。

（1）登录 Alexa，在搜索框中输入网址"macys.com"，然后单击"流量分析"选项卡，如图 2-29 所示。

图 2-29　输入搜索网址

（2）在查询结果页面中，重点关注 macys.com 这个网站的网站流量分析（见图 2-30）、网站流量趋势中的日 UV（代表网站的整体知名度，见图 2-31），以及该网站在各个地区的排名与访问比例（代表网站在各个地区的知名度，见图 2-32）。

网站流量	以下UV&PV数据为估算值，非精确统计，仅供参考			
访问量	当日	周平均	月平均	三月平均
UV	3200000	2380800	1964800	1664000
PV	23680000	15760000	12830000	10549000

图 2-30　macys.com 的网站流量分析

图 2-31　macys.com 的流量趋势

国家/地区访问比例			
国家/地区名称	国家/地区代码	网站访问比例	页面浏览比例
美国	US	90.1%	93.5%
印度	IN	1.2%	0.6%
加拿大	CA	0.9%	0.9%
中国	CN	0.7%	0.2%
日本	JP	0.6%	0.2%
其他	OTHER	6.6%	4.5%

图 2-32　macys.com 的各个地区的排名与访问比例

（3）通过图 2-32 可以得出结论：macys.com 这个网站以美国为主要目标市场，且在美国有较高的知名度。再结合 Keyword Spy 工具的分析结果，卖家可以将这个网站作为在美国乃至北美市场的泳装类商品的参考网站，用于研究美国市场的泳装商品的款式及价格。

📖 课后习题

1. 选品需要考虑哪些因素？
2. 开展选品分析的方法有哪些？
3. 开展选品数据调研的方法有哪些？简述各种方法的具体操作方法。

📖 **课后实训：店铺选品**

1. **实训目标**：掌握实施店铺商品调研方法，会进行站内商品调研。
2. **实训内容**：以小组为单位，在速卖通平台上进行商品调研，并确定要经营的商品。
3. **实训步骤**

（1）调研站内商品

使用生意参谋进行站内调研，通过行业调研，确定店铺要进入的行业领域；通过类目调研，确定店铺要经营的类目；通过属性调研，确定店铺要经营的商品属性。

（2）确定商品

选择并确定自己要销售的商品。在选择商品时，可以关注具有中国特色的商品或本地特产，这样便于进货。如果想要降低压货的风险，学生可以考虑做代销。学生也可以选择从1688平台进货，选择支持拿样的商家，自己亲自查验样品的品质后再选择是否从此处进货。

4. **实训总结**

学生自我总结	
教师总结	

第3章 店铺装修：做好视觉营销，用视觉冲击力制造商机

学习目标 ↓

➢ 了解视觉营销的重要性和基本原则。
➢ 掌握设计店铺基础信息的技巧。
➢ 掌握设计店铺首页的技巧。
➢ 了解移动端店铺的特点与装修原则。
➢ 培养与提升美学意识。
➢ 培养工匠精神，树立精益求精的精神理念。

　　个性化的店铺装修就是卖家的招牌。为了塑造速卖通店铺的良好形象，卖家应该按照视觉营销的思路来装修店铺，用具有视觉冲击力的店铺页面吸引买家的关注，唤起买家对店铺内商品的兴趣和购买欲望。

3.1　视觉营销概述

许多卖家为了提高店铺的浏览量，会采用各种宣传方法推广网店。经专业机构研究发现，视觉营销在网店的装修与运营过程中具有至关重要的作用。

3.1.1　视觉营销的重要性

众所周知，视觉在人类所有感觉中占有主导地位，人类对外部信息的感受大多数是通过视觉来传达的。视觉为人的知觉、注意与兴趣等心理现象提供了最广泛、最重要的素材。网店视觉营销的根本目的在于塑造网店的良好形象和促进商品销售。对于网店来说，视觉营销的重要性主要表现在以下四个方面，如图3-1所示。

图 3-1　视觉营销的重要性

1．吸引买家眼球

视觉营销在网店装修与商品展示中的运用不仅能让网店形成一个引力"磁场"，吸引潜在买家的关注，刺激买家对商品产生兴趣和购买欲望，还能延长买家在网店停留的时间，促使买家产生关联销售。此外，视觉营销设计能让店铺更具美感，为买家创造更好的购物体验，在买家心中树立良好的店铺形象。

2．传播品牌文化

品牌文化是通过视觉来传播的，由此引起买家对品牌的认知与关注。例如，通过品牌的标志、图片、布局等营造出品牌的意境，以此来引发买家的思维启发，加深买家对品牌的印象。出色的视觉效果会让买家产生更多的信任感，能让买家记住品牌及店铺，提高买家的回头率，为店铺的品牌提升奠定基础。

3．提高转化率

在视觉营销中，可以将商品图片与文案融合成一张美观、个性的商品宣传图片，吸引买家认真观看，让买家通过商品宣传图片快速了解商品的主要性能、类型和特点等，直至心动购买。

4．降低广告费

随着电子商务的快速发展，各种网店层出不穷，网上销售的商品数量也急剧增长，这些因素使得消费者的选择范围越来越广泛，进而导致电商卖家的竞争压力越来越大。一个网店要想从千千万万个网店中脱颖而出，而又不想花费过多的广告费，最有效、最直接的方法就

是通过精美的装修布局来吸引买家的注意力，即依靠视觉营销达到既减少广告费又吸引买家注意力的目的。

3.1.2 视觉营销的基本原则

视觉营销的主要目的就是吸引买家关注店铺，从而提升店铺的流量，并且刺激买家产生购买欲望，进而使目标流量转变为有效流量。要想通过视觉营销塑造网店形象，需要遵循四个原则，即目的性、审美性、实用性和统一性。

1. 目的性

在视觉营销中，营销是目的。网店的视觉营销同样自始至终都要以营销为根本目的，所有的视觉展现手段都要为达成商品的最终成交而服务。

坚持视觉营销的目的性，卖家可以从以下方面出发：第一，为买家提供精美的商品图片，通过清晰、精致的商品图片吸引买家的眼球；第二，合理规划页面结构，做到主次分明、重点突出，为买家建立良好的第一印象；第三，做好店招设计，让买家一看到店招就知道店铺的经营范围、商品风格，利用店招广告让买家记住店铺；第四，分析买家的需求，将买家最关心的商品属性和特色明确地呈现出来，让买家能够清晰地看到商品效果，并产生购买欲望。

2. 审美性

视觉营销的审美性主要表现在两个方面：一是页面设计的美观性与舒适性，二是页面设计的不断更新。

（1）页面设计的美观性与舒适性

视觉营销始终都要注重视觉感受，网店的页面设计看上去应该是美观、舒适的。如果卖家自己都觉得店铺的页面不美观，买家又怎么可能会下单购买呢？

网店装修设计要充分运用视觉引导理论，页面布局应该符合目标市场买家的浏览习惯，将主推商品、导航和促销信息等重要元素放在最能吸引买家注意的地方。

此外，卖家还可以将均分法、黄金分割、色彩搭配等平面设计理论应用到页面布局和图片设计中。这些视觉规律不但可以让页面看起来更符合大众的审美需求，配合一些细节设计，还可以产生视觉暗示和视觉引导的效果。

（2）页面设计的不断更新

店铺的视觉设计并非是一次性的事情，而是一个反复的过程。虽然第一次设计出的视觉效果比较好，获得了不错的销量，但长久的、没有新意的店铺设计也会让买家产生审美疲劳，进而降低买家的购买积极性。因此，卖家应该定期调整或更换店铺的装修风格，让店铺一直保持新意，使买家每次进店都有不同的购物体验，形成一种购买的良性循环。

3. 实用性

实用性是指要将店铺中各个模块的作用突显出来，例如，导航条就应该明确指明店铺商品的分类信息，欢迎模块就应该展示店铺的最新动态，商品详情页面就应该展示商品的详细信息等。

实用性就是要为买家的需求服务，并权衡好店铺的可操作性。卖家要巧妙地利用文字说明或图片示意让买家很容易地熟悉店铺的操作功能和商品的分类结构，方便买家快速找到商品、下单和获取帮助。

4．统一性

在视觉营销中，还要注意视觉营销的统一性，不要将店铺装修得五花八门。视觉应用的不统一主要体现在以下四个方面，如图3-2所示。

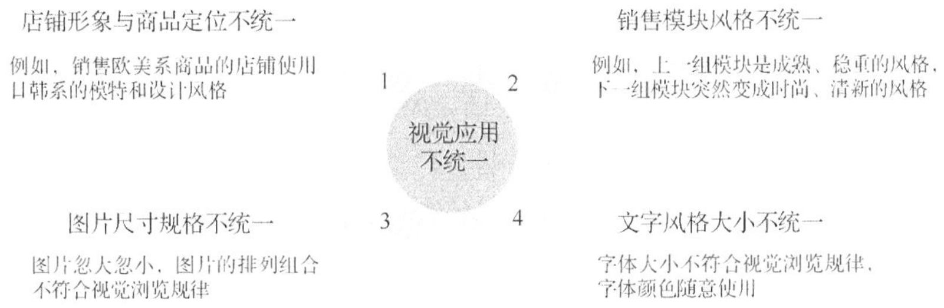

店铺形象与商品定位不统一
例如，销售欧美系商品的店铺使用
日韩系的模特和设计风格

销售模块风格不统一
例如，上一组模块是成熟、稳重的风格，
下一组模块突然变成时尚、清新的风格

视觉应用
不统一

图片尺寸规格不统一
图片忽大忽小，图片的排列组合
不符合视觉浏览规律

文字风格大小不统一
字体大小不符合视觉浏览规律，
字体颜色随意使用

图 3-2　视觉应用不统一的表现

视觉应用的不统一不但不能起到美化页面的作用，反而会让页面看起来杂乱无章，降低店铺形象和买家的购物体验。要想提升店铺形象，就要注意保持店铺视觉设计风格的统一。卖家在设计店铺的整体效果之前，可以先做好基本元素的规范工作，这样既有利于打造店铺的整体形象，又能为店铺模块与元素的设计提供参考和依据。

素养提升

网店是建立在虚拟网络的基础上的卖场，作为一个独立存在的虚拟空间，它具有设计层面的完整性。卖家要培养并提升自己的审美意识，在装修网店时要注意形式美和内涵美的统一，设计出具有高度个性化的店铺，这样才能给买家创造强烈的审美体验，强化买家对商品的审美意识，使买家萌生强烈的购物冲动。

3.2　店铺装修

在网购中，买家了解商品和店铺的主要途径是看店铺页面并结合自己的想象，所以店铺页面的视觉呈现对提高店铺的流量有着重要的影响。具有视觉冲击力的店铺页面设计更能吸引买家的注意，唤起买家的兴趣，激发买家的购买欲望，并促使交易成功。

一个标准的店铺需要做好店铺基础信息设置及店铺首页装修两个部分，这样才有利于更有效地展示商品及品牌形象。

3.2.1　店铺信息设置

店铺信息设置包括设置店铺名称、店铺标志、店铺类型、店铺链接等。卖家设置这些基本信息有利于增强店铺的识别度。下面重点介绍店铺名称、店铺标志、店铺链接的设置技巧。

1．店铺名称

店铺名称是构建店铺品牌，向买家传递品牌感知、让买家对店铺形成记忆点的重要渠道。在速卖通平台上，店铺名称仅在卖家第一次设置店铺名称和变更店铺类型后方可编辑。

卖家在设置店铺名称时，最好不要使用系统默认名称，因为这样的名称不利于买家区分，难以让买家对店铺形成记忆点。店铺名称最好简短、便于发音，这样便于买家记忆。卖家设置店铺名称时可以采用以下技巧。

- 围绕品牌名设置店铺名称，提高品牌效应。
- 使用常见的单词，利用谐音为店铺命名。
- 在店铺名称中添加相关行业词，强调店铺品类的专业性。

例如，"XUYU WATCH Store"，名称简短、易记，并且卖家在名称中表明了店铺主营的品类；"Wanna This Official Store"，名称简短且与英语口语说法相同，便于买家记忆和传播。

2．店铺标志

店铺标志即店铺头像、店铺 Logo，会在店铺首页、商品详情页等多个页面展示，是展示品牌形象、彰显店铺差异性的窗口。卖家在设置店铺标志时要注意以下事项。

- 简单、易记，最好不要在店铺标志中添加品类词。
- 使用的颜色数量不宜过多，以 2～3 种颜色为宜，且使用的颜色色彩不宜过于刺眼。
- 店铺标志的形象要符合品牌调性，最好以商标为主体。卖家可以根据店铺风格、店铺销售的品类，将店铺标志设计成商务风、科技风等风格。

3．店铺链接

店铺链接即店铺二级域名，卖家为店铺设置二级域名后，买家就可以通过在浏览器中输入店铺的二级域名直接跳转至店铺首页。

店铺链接的设置需要符合以下要求。

- 构成二级域名的字符数应为 4～32 个，且只能包含"英文字母（a-z）""阿拉伯数字（0-9）""-"，并且"-"不能出现在二级域名的首部或尾部。
- 专营店的二级域名的格式为：自定义内容+'.aliexpress.com'。
- 专卖店的二级域名的格式为：品牌名+自定义内容+'.aliexpress.com'。
- 官方店的默认二级域名为：品牌名称+'.aliexpress.com'；如果品牌名被占用，则二级域名为：品牌名+自定义内容+'.aliexpress.com'。

课堂实操：设置店铺基础信息

设置店铺基础信息的具体操作步骤如下。

（1）进入速卖通店铺后台，单击"店铺"|"店铺信息设置"选项，进入店铺信息设置页面，单击店铺名称后面的"变更"超链接，如图3-3所示。

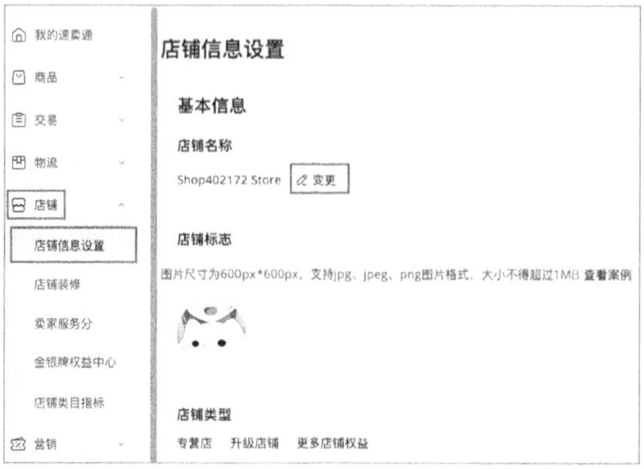

图3-3　单击"变更"超链接

（2）在弹出的对话框的文本框中输入店铺名称，选中"阅读并同意《速卖通全托管店铺名称申请及使用规范》"复选框，然后单击"确认"按钮，如图 3-4 所示。

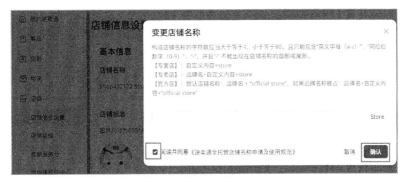

图 3-4　单击"确认"按钮

（3）返回店铺信息设置页面，单击"店铺标志"下方的店铺头像图片，如图 3-5 所示。

图 3-5　单击店铺头像图片

（4）在弹出的"选择图片"对话框中上传图片，然后单击"确认上传"按钮，如图 3-6 所示。

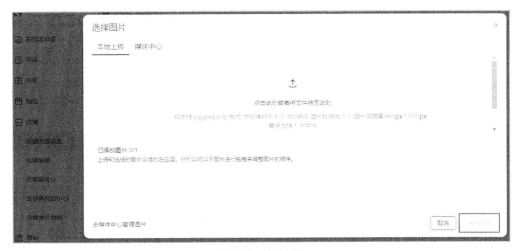

图 3-6　上传图片

（5）返回店铺信息设置页面，单击"店铺链接"中的"设置二级域名"超链接，如图3-7所示。

图3-7 单击"设置二级域名"超链接

（6）在弹出的"设置二级域名"对话框的文本框中输入二级域名，选中"阅读并同意《速卖通二级域名申请及使用规范》"复选框，然后单击"确认"按钮，如图3-8所示。

图3-8 输入二级域名

3.2.2 店铺首页装修

在店铺装修中，店铺首页装修占据了很大比例。如果店铺首页装修不够合理，很容易增加跳失率。因此，做好店铺首页装修对降低跳失率、提高店铺点击率有着重要的影响。

1. 店铺首页装修的原则

速卖通店铺的展示通常是以店铺首页为主，卖家在装修店铺首页时要遵守以下原则。

（1）突出重点商品

突出重点商品是指将店铺主推商品、新品、热卖商品等重点营销的商品放在视觉最集中的首屏位置，或者放在活动促销海报中，并以强有力的视觉冲击力抓住买家的眼球。为了使商品的表现形式更加丰富，还可以加上轮播、切换、变色等效果，以吸引买家眼球。图 3-9和图3-10分别以海报轮播的形式重点展示了热卖商品与促销商品。

图 3-9　海报展示热卖商品

图 3-10　海报展示促销商品

（2）商品陈列有序

首页的空间是有限的，如何在有限的空间内将商品合理地陈列出来是卖家需要考虑的问题。首页商品的陈列既要追求视觉上的美感，又要使有限的空间得到最大限度的利用。卖家可以将商品按照风格、用途等属性进行分类，然后有区分地进行展示。图 3-11 将商品按照风格划分，分版块进行展示，条理有序，整齐大方，而且便于买家浏览该商品。

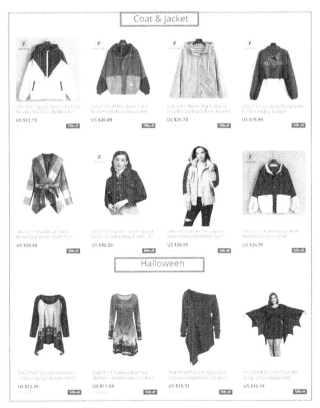

图 3-11　按商品风格展示

（3）页面视觉流畅贯通

页面视觉流畅贯通一般是对买家的购物视觉体验而言的，主要指页面的整体性和浏览页面的便捷性。

卖家要在首页中设置具有一定逻辑的商品分类导航，以便买家快速、准确地找到自己所需的商品。例如，卖家从用途、品牌、试用人群等多个角度对商品进行分类导航，让买家一目了然并能借助导航方便、快捷地找到自己需要的商品。图 3-12 所示为某个销售彩妆的店铺在店铺首页设置的商品分类导航。

图 3-12　店铺首页的商品分类导航

（4）遵循"少即是多"和"对齐"的原则

观察境外电商网站可以发现，其商品展示页面的设计非常简洁，仅包含一些商品展示图片和与商品相关的必要的文字信息，如商品名称和价格等。卖家在装修店铺首页时，也要符合境外买家的审美标准，只需用必要的元素表达最核心的信息即可，即"少即是多"原则。

除了"少即是多"原则外，"对齐"原则也是非常重要的，其包括图片和文字的上下、左右对齐，也包括同类商品应该摆放在一起。商品展示是否达到"对齐"的效果，将会直接影响页面展示的最终视觉表现。图 3-13 所示的图片背景，水印大小、位置，以及鞋的风格、方向都保持高度一致，使整个页面显得整洁、美观，给人以赏心悦目的感觉。图 3-14 所示的商品图片背景杂乱，在同一个展示版块内展示各种风格的鞋子，让人感觉整个页面杂乱无章。

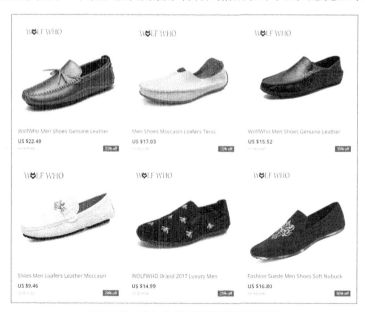

图 3-13　符合"对齐"原则的页面展示

图 3-14　不符合"对齐"原则的页面展示

2．店招的设计

店招即店铺招牌，它展示在店铺的顶部，用于向买家展示店铺标志、名称等。一个精美的店招既能"传情达意"，又能让买家感到赏心悦目，从而给买家留下美好的印象，进而吸引其浏览店铺、购买商品。如果店招设计得不够精美，可能会让买家认为店铺不专业，从而降低其对店铺和商品页面的信任度，最终离开店铺。

（1）店招设计原则

店招要真正发挥吸引买家的作用，在设置时要遵循"明了、美观、统一"的原则。所谓明了，就是把主营商品用文字与图像明确地告知买家；所谓美观，主要指图片、色彩和文字的搭配要合理，符合大众的审美；所谓统一，是指店招风格要与整个网店的风格保持一致。

店招的首要功能就是要清晰地展示店铺名称。卖家在店招上可以添加品牌宣传语、打折促销信息、收藏或移动端二维码等元素，力求利用有限的空间传递出更多的信息，以刺激买家的购买欲望，如图 3-15 所示。需要注意的是，这些元素最好不要超过三个，因为足够的空间留白有利于打造视觉重点，让设计元素发挥出最大的效能。

图 3-15　店招元素设计

为了树立店铺的品牌形象，彰显店铺的专业和品质，要注意保持店招与导航条风格的统一，如图 3-16 所示，利用色彩、修饰元素与风格的相似性来营造两者在视觉上的一致性，打造出独特的店铺装修风格，让买家在浏览店铺的短暂时间内对店铺产生预期的印象。

图 3-16　店招和导航条风格统一

（2）店铺名称艺术化处理

为了增强店铺名称对买家的吸引力，加强买家对店铺名称的印象，卖家可以对店招中的店铺名称进行艺术化处理。

① 用不同字体和字号的组合营造艺术感

很多卖家会在店招中添加设计好的店铺徽标来代替店铺名称，但在店招设计中，展示店铺名称最主流、最有效的形式还是文字。对于文字形式的店铺名称，卖家可以通过使用不同字体和字号的组合来赋予其一定的艺术感。图3-17中将店铺名称的首字母进行了艺术化处理，其他字母也使用艺术化字体，增强了店铺名称文字版式的艺术感，也让店铺名称更加醒目。

图3-17　店铺名称不同字体的组合

② 为店铺名称添加特效，彰显特殊性和醒目度

为了增加店招的美观性，有的卖家会为店招添加背景，但同时店铺名称在店招中的表现力往往会被削弱。在这种情况下，卖家可以通过为店铺名称添加特效的方式来突出店铺名称的特殊性和醒目度，这些特效包括渐变色、阴影、浮雕、发光等。图3-18所示的店招背景色为浅色系，为了突出店铺名称，文字使用了深红色。

图3-18　为店铺名称添加特效

③ 使用修饰元素提升观赏性

仅使用单一的文字组合和简单的修饰，有时并不能真正表现出店铺的风格和设计的精致感，而通过合理的修饰元素与店铺名称进行融合设计，以完善、修饰、隐喻或暗示某种信息，可以让店铺名称的设计更加个性化，如图3-19所示。

图3-19　为店铺名称添加修饰元素

3．图片轮播模块文案的设计

图片轮播位于店铺首页主区内，是一个非常重要的商品展示区域，多张广告图以滚动轮播的形式进行动态展示，让商品信息的表达更直观、更生动。虽然很多卖家认识到图片轮播模块的重要性，但很多店铺的图片轮播只停留在展示商品图片或单纯地为了装饰店铺的层面，而忽略了图片轮播中文案的重要性。

在网络环境下，买家对一则广告的关注时间平均不超过 2 秒，而轮播图作为静态广告，要想给买家留下深刻的印象，其广告文案必须要精简。

（1）简化文案结构

传统平面广告的文案一般包括标题、副标题、广告正文和广告口号四个部分，但在轮播图中，由于图片尺寸限制及展示商品的需求，其广告文案只能包含标题和广告描述两个部分。

需要注意的是，在轮播图广告文案中，广告标题承担着吸引买家注意力的重任，所以它不能是类似于联系方式或引导语之类的信息。在图 3-20 所示的轮播图广告文案中，只有广告标题"NEW ARRIVAL"（新品）和广告描述"STERLING SILVER EARRINGS"（纯银耳环），广告标题"NEW ARRIVAL"（新品）不仅极具吸引力，而且简单、明确地传达了文案的主旨。

图 3-20　结构简单的文案

（2）只选择最重要的内容

与写文章不同，轮播图广告文案不需要有明确的语法结构，只需要用简练的语言或文字清晰地表达出你想向买家传达的信息即可。图 3-21 所示的轮播图中的文案只有"HANDMADE TASSEL EARRING"（手工流苏耳环）和"Boho Style"（波西米亚风格），简单描述了耳环制作工艺和耳环风格的关键信息。

图 3-21　只展示重要信息的文案

文案中应减少一切不必要的信息，以免无关信息对买家造成影响，什么都想表达造成的最终结果往往是什么都表达不清楚。轮播图的广告文案可以使用关键词代替整句话，使文案简单、易记。

（3）使用特定短句式

相对于长句，短句更便于买家记忆。如果广告文案的字数较多，可以将文案写成对仗句

式或长短句，因为对仗句式读起来更朗朗上口，长短句也能显得短促有力，更易于买家对广告文案的记忆。对于相同字数的广告语，使用长短句可以让广告文案看起来更短。

素养提升

工匠精神是指工匠对自己的产品精雕细琢、精益求精、追求完美的精神理念，它是职业道德、职业能力、职业品质的体现。在纷繁的社会中，我们只有沉下身、静下心，精益求精，每做一件事都应将自身潜力发挥到极致，才能抵达新境界，成就大事业。

3.2.3 移动端店铺的特点与装修原则

随着平台流量分散化及智能手机的普及，移动端购物变得更加便捷，同时买家时间的碎片化越来越明显，很多买家已经养成利用碎片化时间购物的习惯。对于卖家来说，移动端店铺的装修更要引起高度重视。

1. 移动端店铺的特点

与PC端店铺不同，移动端店铺具有以下特点。

（1）场景多样化，买家浏览时间碎片化

买家可以随时随地拿出手机浏览店铺和商品，其浏览过程可能会随时被打断。因此，移动端店铺和商品的内容应该更加简单、直接，能让买家快速获取有效的信息。

（2）竞争量减小

由于手机屏幕的原因，导致移动端可展示的内容受到了限制。在PC端，买家可以同时打开多个浏览窗口对商品进行比较，但在移动端，买家是无法进行这种操作的。由于手机流量因素的限制，买家往往也不会过多地浏览页面，因此移动端的竞争力自然要比PC端小一些。

（3）可与买家进行互动

在移动端，卖家可以与关注、收藏自己店铺的买家进行互动。人们一般都会随身携带手机，所以在移动端与买家互动起来时效性会更高，卖家可以随时向买家推送消息。当然，要把握好互动的度，过于频繁地向买家推送信息会打扰买家，进而产生反面效果。

2. 移动端店铺的装修原则

卖家在进行移动端店铺的装修时，应该遵循以下原则。

（1）保证页面打开的速度

在进行移动端店铺的装修时，一定要考虑页面打开速度的问题。由于手机端流量的限制，图片如果过大，可能会出现图片打不开的现象。如果图片或页面长时间打不开，买家很可能会选择离开页面。

（2）页面信息要简洁，易于传播

受手机屏幕大小的限制，移动端展示信息的面积有限，店铺内容的呈现更是受限，如果店铺页面的信息量过大，就会导致买家无法读取，随即导致买家流失。

（3）店铺整体风格一致

移动端店铺内每个模块的风格要保持一致，首尾呼应。很多卖家在装修店铺时，往往主题是一种风格，商品页面是另一种风格，整个店铺没有形成一种完整的风格传承。店铺整体风格的不统一会让买家在浏览店铺时感觉整个店铺很混乱，给其造成非常差的视觉体验。

移动端店铺属于窄视觉展示，更应该注重店铺中所有模块设计风格的统一性，卖家要依据品牌调性让所有的设计保持一致的风格。

（4）保持更新

与 PC 端店铺的装修一样，移动端店铺的装修也要时常更新，这样才能给买家增加新鲜感。店铺经常有变化，买家才会经常浏览。

（5）保证图片质量，控制文字大小

不管是在 PC 端还是在移动端，买家更习惯于先看图片。图片吸引到买家的目光，买家才会看页面中的其他文字介绍，所以一定要保证图片的质量。

此外，还要注意移动端店铺页面文字内容的设计，适当控制文字的大小，英文与数字最小是 24px，文字内容要清晰、简洁、明了，有一两条卖点或促销信息即可，无须进行大段的文字阐述。

▌课堂实操：装修店铺首页

装修店铺首页的具体操作步骤如下。

（1）进入速卖通店铺后台，单击"店铺"|"店铺装修"选项，进入店铺装修页面，单击"全球装修"下的"首页"选项卡，单击"新建版本"按钮，如图 3-22 所示。

图 3-22　单击"新建版本"按钮

（2）在弹出的对话框中单击"Free Template"（免费模板）选项卡，选择心仪的模板，然后单击该模板中的"选择"按钮，即可应用该模板，如图 3-23 所示。

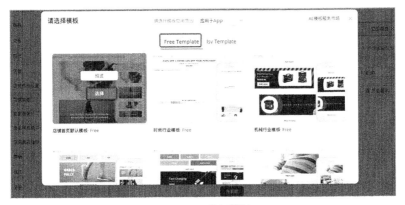

图 3-23　选择模板

（3）生成装修页面后，单击"发布"按钮即可一键发布，如图 3-24 所示。卖家可以单击"去装修"按钮或"历史版本"｜"去装修"选项对店铺装修进行更改。

图 3-24　单击"发布"按钮

（4）卖家可以为店铺添加相应的模块，在店铺装修页面中单击"去装修"按钮，如图 3-25 所示。

图 3-25　单击"去装修"按钮

（5）进入添加模块页面，从页面左侧拖动想要添加的模块，并将模块放至相应的位置，如图 3-26 所示。

图 3-26　选择并拖动模块

（6）在页面右侧单击模块名称，可以对模块信息进行编辑，编辑完成后单击"保存"按钮保存模块信息，如图 3-27 所示。模块添加完成后，单击"预览"按钮即可预览添加效果。

图 3-27　编辑模块信息

（7）选中"PC 和无线同步"复选框，一键同步 PC 端和移动端装修，然后单击"发布"按钮，即可发布当前装修版本，如图 3-28 所示。由于 PC 端和移动端对图片尺寸的要求不同，一键同步后部分图片需要卖家重新调整上传，建议卖家先选中"PC 和无线同步"复选框，待其中一端装修完毕后，切换到另一端后取消选中"PC 和无线同步"复选框，并调整图片尺寸。

图 3-28　单击"发布"按钮

（8）在弹出的对话框中单击"点击查看页面"超链接或扫描二维码可以预览装修效果，预览后单击"确定"按钮，如图 3-29 所示。

图 3-29　预览装修效果

📖 课后习题

1. 视觉营销的基本原则是什么？

2. 店铺首页的装修设计应该遵循什么原则？从速卖通买家端页面搜索一到两个店铺，对其店铺装修进行分析，简述其店铺装修的优点和缺点。

3. 移动端店铺装修需要遵循哪些原则？在手机上搜索一到两个店铺，对其移动端装修设计进行分析，简述其店铺装修的优点和缺点。

📖 课后实训：设计并装修店铺首页

1. **实训目标**：掌握店铺装修的技巧，会装修店铺首页。

2. **实训内容**：为店铺添加店铺名称、店铺标志、店铺链接，装修店铺首页。

3. **实训步骤**

（1）添加店铺名称、店铺标志、店铺链接

为自己的店铺起一个名字，并设计店铺标志、确定店铺链接，然后将店铺名称、店铺标志、店铺链接上传至店铺。

（2）设计并装修店铺首页

做好店铺首页装修设计方案，按照装修方案装修店铺首页。

4. **实训总结**

学生自我总结	
教师总结	

第4章 商品发布：创建精致商品页面，提高商品转化率

 学习目标 ↓

- ➢ 掌握速卖通搜索排名规则。
- ➢ 掌握设计商品标题的技巧。
- ➢ 掌握设计商品主图的技巧。
- ➢ 掌握设计商品详情页的技巧。
- ➢ 掌握发布商品的方法。
- ➢ 树立规则意识，提高合规经营能力。
- ➢ 坚持诚信经营，实事求是地描述商品。
- ➢ 坚持以人为本，学会从买家的需求考虑问题。

店铺正式运营后，只有将商品准确、完美地上传到店铺中，买家才能搜索到并进行购买，卖家才能真正地实现盈利。而在商品上架与商品销售的整个过程中，卖家需要长期坚持做的一项工作就是对商品进行优化，包括优化商品标题、优化商品图片、优化商品详情页等。只有创建高品质的 Listing（商品页面），才能有效地增加商品和店铺的流量，进而提高转化率。

 **速卖通搜索排名规则**

速卖通搜索排名的目标是将好的商品、服务能力好的卖家优先推荐给买家，也就是说，谁能给买家带来更好的购物体验，谁的商品就可以在搜索结果中排在靠前的位置。在速卖通中，影响卖家搜索排名的因素有很多，其中主要包括商品的信息描述质量、商品与买家搜索需求的相关性、商品的交易转化能力、卖家的服务能力及搜索作弊的情况。

4.1.1 商品的信息描述质量

为买家提供高质量的商品信息描述，向买家展示真实、全面的商品信息，更有利于让商品获得比较靠前的排名。卖家可以从以下三个方面提高商品的信息描述质量，如图4-1所示。

如实描述商品信息

商品信息
描述质量

提供高质量的商品图片

商品描述信息尽量准确、完整

图4-1　提高商品信息描述质量的方法

1．如实描述商品信息

卖家提供的商品描述信息要真实、可靠，如实地展示商品的各个方面，帮助买家快速做出购买决策。如果卖家提供了虚假的商品描述，容易引起纠纷，进而影响自己商品的排名，甚至受到平台的处罚。

2．商品描述信息尽量准确、完整

商品标题、发布类目、商品属性、详情描述对买家做出购买决策有着重要的影响，卖家要准确、详细地填写这些信息。

（1）商品标题

商品标题会对搜索排名产生直接的影响，卖家要在商品标题中清楚地描述出商品的名称、型号及一些关键特征或特性，让买家通过阅读商品标题就能清楚地知道卖家卖的商品是什么，从而吸引买家进入商品详情页进行进一步的查看，进而提高转化率。

（2）发布类目

卖家要选择准确的发布类目，切忌将自己的商品放到不相关的类目之中。一旦将商品放错了类目，就会降低商品被买家搜索到的概率；如果情况严重，卖家还会受到平台的处罚。

（3）商品属性

商品属性的填写要尽量完整、准确，因为这些属性将帮助买家快速地判断卖家的商品是不是他们想要的。

（4）详情描述

卖家要提供真实、准确的商品详情描述信息，最好采用图文并茂的形式向买家介绍商品的功能、特点与优势等，帮助买家快速、全面地了解商品的相关信息。此外，要设计美观、

整洁、大方的页面排版，这样更容易吸引买家的眼球，并有效地提高商品的转化率。

3．提供高质量的商品图片

商品图片是展示商品的重要载体。卖家要对自己所销售的商品进行实物拍摄，并对商品进行多角度、重点细节的展示，这样更有利于买家快速、全面地了解商品，促使买家做出购买决策。

卖家不可盗用其他卖家的图片，因为这样做容易引起纠纷，影响卖家的诚信度，情况严重的话还会受到平台的严厉处罚，进而对店铺的正常运营造成影响。

4.1.2　商品与买家搜索需求的相关性

相关性是搜索引擎技术中非常复杂的一套算法。一般来说，大多数买家会通过输入关键词的方法搜索并浏览自己需要的商品，而相关性是指通过判断买家在输入关键词搜索商品与进行类目浏览时，卖家的商品与买家实际需求的相关程度。相关性越高，商品在搜索结果中的排名就越靠前。

对商品与买家搜索需求的相关性造成影响的因素有很多，其中最主要的是商品标题，其次是商品发布类目的选择，商品属性的填写及详情描述。因此，要想提高商品与买家搜索需求的相关性，让商品获得更多的曝光机会，卖家可以从以下几个方面入手。

1．商品标题

商品标题的设置是重中之重。首先，标题的拼写要符合境外买家的语法习惯，没有语法错误和错别字；其次，标题不能是关键词的堆砌，如将标题设置为"MP3, MP3 Player, music MP3 player"，因为标题堆砌关键词不仅不能提高商品的搜索排名，反而会被搜索降权；再次，标题要真实、准确，不可有虚假描述，如卖家销售的商品是 MP3，为了获取更多的曝光量，在标题中添加类似"MP4/MP5"之类的关键词，这样的行为就属于虚假描述。虚假描述行为一旦被速卖通平台监测到，卖家将会受到处罚。

2．商品发布类目的选择

商品发布类目的选择要准确。选择正确的类目有助于买家通过类目浏览或类目筛选快速定位到卖家的商品，而将商品放到错误的类目下，将会降低商品曝光的机会，并且卖家可能会受到平台的处罚。

3．商品属性的填写及详情描述

商品属性的填写要完整、准确，详情描述要真实、准确，这样有助于买家通过使用关键词搜索、属性筛选快速定位到卖家的商品。

4.1.3　商品的交易转化能力

符合境外买家需求、价格/运费合理且售后服务有保障的商品更受买家的欢迎。速卖通平台会通过综合考察一个商品的曝光次数及最终成交量来衡量该商品的交易转化能力。商品交易转化能力高，代表买家对该商品的需求度高，该商品具有市场竞争优势，在搜索结果中的排名就会靠前；而交易转化率低的商品在搜索结果中的排名会靠后，甚至因为没有曝光的机会而逐步被市场淘汰。

卖家要重视商品成交量的积累和好评量的积累。成交量和好评量能够帮助买家快速做出购买决策，并让商品在搜索结果中的排名靠前。商品好评率的高低会严重影响商品在搜索结果中的排名。

4.1.4 卖家的服务能力

除了商品本身的质量以外，卖家的服务能力也是影响买家购物体验的重要因素。在搜索排名上，速卖通非常看重卖家的服务能力，服务能力强的卖家排名会靠前，服务能力差、买家投诉较多的卖家排名会严重靠后，甚至不能参与排名，还可能受到平台的处罚。

在搜索排名机制中，速卖通对卖家服务能力的考察主要集中在以下四个方面，如图 4-2 所示。

图 4-2　搜索排名机制中对卖家服务能力考察的内容

1．卖家的服务响应能力

对卖家服务响应能力的考察包括对卖家在阿里旺旺国际版（TradeManager）上的响应能力，以及在 Contact Now 邮件上的响应能力的考察。合理地保持阿里旺旺国际版在线，及时对买家的询问做出答复，都有助于提高卖家在服务响应能力上的评分。

2．订单的执行情况

卖家发布商品进行销售，当买家付款之后，卖家应该及时为买家发货。由于卖家原因造成无货空挂、拍而不卖的行为，将会对买家的购物体验造成严重的影响，也会对卖家所售商品的排名情况造成严重影响。情况严重时，卖家所有的商品都不能参与排名。此外，卖家如果为了规避拍而不卖而进行虚假发货，该行为将会被视为欺诈，卖家将会受到平台更加严厉的处罚。

3．订单的纠纷、退款情况

卖家应该保证商品的质量，并如实描述商品的相关信息，向买家真实、准确地介绍自己的商品，避免买家收到货后产生纠纷、退款的情况。如果遇到买家对商品不满意的情况，卖家应该积极、主动地与买家进行沟通与协商，避免产生纠纷，特别是要避免纠纷上升到需要平台介入进行处理的情况。纠纷少的卖家会得到平台的鼓励，纠纷多的卖家将会受到搜索排名严重靠后，甚至不能参与排名的处罚。当然，非卖家责任引起的纠纷、退款不会被考虑在内。

4．卖家的 DSR 评分情况

卖家的服务评级系统（Detail Seller Rating，DSR）评分是指交易结束后买家对商品和卖家服务能力的评价，是买家满意与否的最直接体现。速卖通平台会优先向买家推荐 DSR 评分高的商品和卖家，给予它们更多的曝光机会和推广资源；而对于 DSR 评分低的商品和卖家，速卖通平台会给予大幅的排名靠后处理，甚至不让其参与排名的处罚。

在订单的执行、纠纷退款等维度上，平台会同时观察单个商品和卖家整体的表现情况。如果个别商品表现差，则只会影响个别商品的排名；如果卖家整体表现差，则会影响该卖家销售的所有商品的排名。

4.1.5　搜索作弊的情况

速卖通平台禁止并大力打击卖家靠搜索作弊行为骗取曝光机会、获取排名靠前的行为。平台会对搜索作弊行为进行日常的监控和处理，作弊的商品会被处理，处理手段包括商品的排名靠后、商品不参与排名和商品被隐藏。对于作弊行为情节严重或屡犯不改的卖家，平台会给予其店铺一段时间内整体排名靠后或不参与排名的处罚；情节特别严重的，会给予关闭卖家账号、清退卖家的处罚。

常见的搜索作弊行为有以下几种。

1．类目错放

类目错放是指卖家在发布商品时所选择的类目与商品实际所属类别不一致。例如，将手机壳错放到化妆包"Cosmetic Bags & Cases"中，正确的类目应该为：Phones & Telecommunications（电话和通信）>Mobile Phone Accessories & Parts（手机配件和零件）>Mobile Phone Bags & Cases（手机包/手机壳）。这类错误可能会导致商品在网站前台中展示在错误的类目下。

卖家可以采用以下方法避免在商品发布过程中出现类目错放的情况。

（1）要对平台上各个行业、各层类目有所了解，知道自己所销售的商品从物理属性上来讲应该属于哪个大类目，如知道手机壳应该属于"手机"大类。

（2）卖家可以根据自己所要发布的商品逐层查看系统推荐的类目层级，也可以使用商品关键词搜索查看系统推荐类目，从而在类目推荐列表中选择最准确的类目。此外，在发布商品时，要正确填写商品重要属性（发布表单中标星号"*"或绿色感叹号的属性）。

2．属性错选

属性错选是指卖家在发布商品时商品所属类目选择正确，但选择的商品属性与商品的实际属性不一致的情形。例如，某款女士 T 恤，在商品标题中显示该商品为"short sleeve"（短袖），但发布商品时卖家在"sleeve length"（袖长）属性中选择了"full"属性值，那么在前台导航时，当买家选择"full"时，该商品就会被展示出来。又如，某款女士 T 恤的领型为"圆领"，但卖家在发布商品时选择"V 领"这个属性值，导致买家在使用关键词"V 领"进行搜索时在搜索结果中出现该商品。

属性错选的商品将会受到搜索排名靠后的处罚，并且该商品会被记录到搜索作弊违规商品总数中。当店铺搜索作弊违规商品累计达到一定数量后，平台将给予整个店铺不同程度的搜索排名靠后处理；情节严重的，将对店铺进行屏蔽；情节特别严重的，将冻结账户或直接关闭账户。

卖家可以参考以下方法避免在商品发布过程中出现属性错选的情况。

（1）卖家要对平台上各个行业下所设的属性有所了解，知道自己所销售的商品存在哪些物理属性和营销属性。例如"T 恤"，可能会有颜色、尺码、材质、袖长、领型等属性。

（2）卖家可以通过参考同类商品其他卖家的属性进行设置。

（3）卖家根据自己所销售的商品选择类目，并事先考虑好待选的商品属性，避免漏选，例如发布商品时忘记选择"领型"属性；还要避免多选，例如商品没有风格属性，却为商品选择"波西米亚风格"。

3．标题堆砌

标题堆砌是指在商品标题描述中出现关键词多次使用的行为，即商品标题由多个相同或近似的关键词堆砌而成。例如，某款假发的标题为"Stock lace wig Remy Full lace wig straight wigs human lace wigs #1 Jet Black 16inch"（高级蕾丝假发 雷米全蕾丝假发 直假发 人体蕾丝假发 1 号喷气黑色 16 英寸），标题中反复使用"lace wig"（蕾丝假发）这一关键词，标题基本上就是在"lace wig"（蕾丝假发）一词前面加上不同的修饰词组成的。

商品标题是吸引买家进入商品详情页的重要因素。商品标题的字数不宜太多，应尽量准确、完整、简洁，标题描述应该是一句完整、通顺的话。例如一款婚纱，可以将标题设置为"Plus Size Spaghetti Straps Chiffon Wedding Gowns"（加大码 细肩带 雪纺婚纱），该标题中包含了婚纱的尺码规格、肩带类型和服装材料，用"Wedding Gowns"（结婚礼服）表达商品的核心关键词。

4．标题类目不符

标题类目不符是指卖家在商品类目或标题中设置的部分关键词与实际销售的商品不符。例如，某款婚纱的商品标题为"Wedding Dresses China Lace Flower Girl Dresses For Weddings Satin Sweetheart Strapless A-line Bridal Gowns"（结婚礼服 中国 蕾丝 花童礼服 缎子 甜心 无肩带 A 字型新婚礼服），该商品的属性词应该是"Wedding Dresses"，但在商品标题中却出现了"Flower Girl Dresses"（花童礼服）一词。

在设置标题时，卖家首先要检查商品的类目是否选择正确，其次检查标题中是否出现了与实际销售商品不符的关键词。

5．黑五类商品错放

黑五类商品错放是指针对特定买家的特殊订单链接及补运费、补差价、补退款、赠品等专拍链接，没有按规定放置到指定的特殊发布类目中。

黑五类商品在速卖通平台上的正确发布类目为"special category"。卖家在发布黑五类商品时，应该将其放到"special category"这一特定类目中，这样才能让买家快速找到自己所需的商品，并顺利达成交易。

6．重复铺货

不同商品之间必须要在标题、价格、图片、属性和详细描述等环节上有明显差异，下列几种情况会被视为重复铺货。

- 同一个卖家的同一件商品，商品主图完全相同，标题、价格、属性等信息也高度雷同。
- 同一个卖家的同一件商品，商品主图为商品不同角度的展示，但标题、价格、属性等信息高度雷同。
- 同一个卖家的同一件商品，商品主图分别为带包装与不带包装的图片，但标题、价格、属性等信息高度雷同。
- 同一个卖家的同一件商品，商品主图大小不同，但标题、价格、属性等信息高度雷同。

- 同一个卖家的同一件商品，商品主图为该商品不同颜色的展示，但标题、价格、属性等信息高度雷同。
- 同一个卖家的不同商品，商品主图不同，但标题、价格、属性等信息高度雷同。
- 同一个卖家的不同商品，商品主图、标题相同，但商品属性等信息不同。

卖家在发布商品的过程中，切勿多次发布同一商品；对于不同的商品，在发布时不要直接引用已有商品的主图，或者直接使用已有商品的标题和属性；不同的商品，除了要在主图上体现出差异，还要同时在标题、属性、详细描述等关键信息上体现出差异，使商品得以区分。

7．描述不符

描述不符是指商品的标题、图片、属性、详细描述等信息之间明显不符。具体来说，描述不符主要有以下几种表现。

（1）商品主图与详情描述中的图片不符，如某款包装袋，其商品主图如图4-3所示，而在商品详情描述中如图4-4所示。

图4-3　商品主图　　　　　　　　　　图4-4　商品详情描述图

（2）标题最小起订量与设置的最小起订量不符。例如，商品标题中显示的最小起订量为10美元，而卖家设置的最小起订量为"1件"，如图4-5所示。

图4-5　标题最小起订量与设置的最小起订量不符

（3）实际销售商品在属性描述中有误。例如，某款女士T恤的实际款式是短款，但在"Item specifics"（商品规格）的"Clothing Length"（衣服长度）中设置的是"Regular"（常规），与实际商品的衣服长度属性不符，如图4-6所示。

（4）滥用品牌词描述。滥用品牌词描述分为两种情况。第一种情况，卖家在速卖通上通过了X品牌的商标资质申请及审核，在"Item specifics"（商品规格）的"Brand Name"（品牌名称）中填X品牌，但在商品标题、商品图片中使用了未经速卖通许可的Y品牌，如图4-7所示。

图 4-6　实际销售商品在属性描述中有误

图 4-7　滥用品牌词描述

　　第二种情况，卖家未通过任何品牌的商标资质申请，发布商品时却在商品标题、商品图片中滥用未经平台许可的品牌。

　　（5）标题设置的打包方式与实际设置的打包方式不符。例如，标题中设置的是 100 个一包，而实际设置的却是 25 个一包，如图 4-8 所示。

　　（6）运费设置不符。卖家在运费设置中说明"通过中国邮政普通小包免费送货到美国"，但在商品详情描述中又强调要达到一定的数量才可以享受中国邮政普通小包免费配送服务，如图 4-9 所示。

图 4-8　标题设置的打包方式与实际设置打包方式不符

图 4-9　运费设置不符

8．计量单位作弊

计量单位作弊包括以下两种情况。

一是卖家在发布商品时将计量单位设置为与商品常规销售方式明显不符的单位。例如，卖家展示出售 10 pieces of gloves（10 只手套）。依据常理，手套不按单只出售，那么买家会认为收到的是 10 pairs of gloves（10 双手套），但卖家发出的是 5 pairs of gloves（5 双手套），并声称写明的 10 pieces of gloves 就等于 5 pairs of gloves。

二是卖家在标题、描述中将商品包装物也作为销售数量计算，让买家误认为商品单价很低。例如某款数据线，卖家将其标题设置为 "DHL free 2m 100pcs 8pin Lightning to USB Cable +100 Retail Box +100 poly bag =300PCS For Apple IPhone 5 IPod Touch 5 IPad Mini"，其中的 "Retail Box"（零售包）和 "poly bag"（塑料袋）都是包装物。

9. 商品超低价

商品超低价是指卖家以较大偏离正常销售价格的低价发布商品，让商品在按价格排序时以超低价格吸引买家的注意，从而骗取曝光。下列几种情况都属于商品超低价的表现。

（1）卖家在店铺中以明显低于市场行情的价格发布了大量服饰类商品，部分商品已经产生了大量订单，但卖家可能未发货或实际未发货。

（2）卖家的店铺中存在大量非正常折扣力度的商品，商品折扣后的价格明显低于市场价格。

（3）卖家发布了一款移动电源，以价格为条件进行筛选，"Free Shipping"（免运费）状态下该商品的销售价格为1.00美元。

10. 商品超高价

商品超高价是指卖家以较大偏离正常销售价格的高价发布商品，让商品在按默认和价格排序时以超高价格吸引买家的注意，从而骗取曝光。

11. 运费不符

运费不符是指卖家在标题及运费模板等处设置的运费低于实际收取的运费。下列几种情况属于运费不符的表现。

（1）一款女包的正常销售价格是25.14美元，但卖家将商品价格设置为1.00美元，运费设置为24.14美元。

（2）商品标题中标注了免运费（Free Shipping），而实际上卖家并不提供针对任何一个国家及地区的免运费服务，或者只提供部分国家及地区的免运费服务。

（3）商品使用商业快递并提供免运费服务，但商品总售价低于快递最低标准收费。

12. SKU作弊

SKU作弊是指卖家通过刻意规避商品库存量单位（Stock Keeping Unit，SKU）的设置规则，滥用商品属性（如套餐、配件等），为商品设置过低或不真实的价格，使商品排名靠前（按价格排序）的行为；或者在同一个商品的属性选择区放置不同商品的行为。下列几种情况属于SKU作弊的表现。

（1）将不同的商品放在一个链接里进行销售，如将触摸笔和手机壳放在同一个链接里进行销售。

（2）将常规商品和商品配件放在一个链接里进行销售，如将手表和表盒放在同一个链接里进行销售。

（3）将不同属性的商品捆绑成不同套餐或捆绑其他配件放在一个链接里进行销售，如将手机和手机壳捆绑成套餐进行销售。

（4）在手机整机类目中，为了让自己的商品排名靠前，卖家在发布商品时自定义买家极少购买的套餐，如裸机、不带任何附件（包含且不限于）等套餐，如图4-10所示。

13. 更换商品

更换商品是指卖家对原有商品的标题、价格、图片、类目、详情描述等信息进行修改，并使用这些修改后的信息发布其他商品（含商品的更新换代，因为卖家发布新商品时应该重新发布），对买家的购买造成误导；如果修改只涉及对原有商品信息的补充或更正，而不涉及商品更换，则不视为"更换商品"行为。

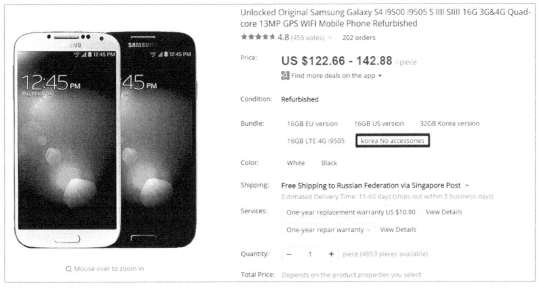

图4-10　卖家自定义不带任何附件的套餐

14. 信用及销量炒作

信用及销量炒作是指卖家通过非正常交易手段提高商品销量及信用的行为，借此获得更高的曝光，如卖家通过刷单提高商品的销量。

素养提升

合规经营是卖家尊重规则、尊重法律的体现。在跨境电商企业经营中，合规是店铺健康发展的重要基石，也是跨境电商行业未来的发展重点。跨境电商卖家要想做大做强，必须高效管理，遵守跨境电商行业相关法律法规及跨境电商平台的相关规则，坚持合规经营。

4.2 商品标题的设计

在商品页面中，商品标题的设置具有举足轻重的作用。一个优质的标题能够有效地吸引买家的眼球，最大限度地为商品引流，提高商品的曝光量和转化率。要想设置出高质量的商品标题，卖家需要掌握一些设置技巧。

4.2.1 标题的组成

一般来说，标题主要由核心词、属性词与流量词组成，每类词具有不同的特点，如表4-1所示。

表4-1　标题关键词类型及其特点

关键词类型	特点	示例
核心词	行业热门词，接近于类目词，这类词属于速卖通的热搜词，也可以看成商品的名称	Boot（靴子），Trousers（裤子），Dress（连衣裙）

续表

关键词类型	特点	示例
属性词	描述商品某个属性的词，如颜色、长度等。这类词针对商品某一细分类，能够更精准地满足搜索这些关键词的买家	Korean Style Short skirt（韩版短裙），repair the body T-shirt（修身T恤），collect waist dress（收腰长裙），pure color trousers（纯色长裤），O-neck party dresses（圆领礼服），V-neck dress party dresses（V领礼服），wedding dress long sleeve（长袖婚纱）
流量词	不常用但恰好有一些特定群体会搜索的词语，不属于热门词，但这类词带来的流量都是非常精准的，成交量也相当可观	如某名人的名字，某动漫的名字等

4.2.2　关键词的挖掘与搜集

商品标题是关键词的直接体现。关键词的好坏直接影响买家能否搜索到卖家的商品，其重要性不言而喻。卖家需要掌握挖掘与搜集关键词的方法，这样才能更好地了解市场，为标题的设置奠定数据基础，进而设置出高质量的商品标题。下面介绍几种常用的挖掘与搜集关键词的方法。

1. 生意参谋——选词专家选词

借助"生意参谋"中的"选词专家"功能搜索买家热搜的词是卖家常用的一种选词方法，其为卖家提供了三种词性的关键词分析：热搜词（见图4-11）、飙升词（见图4-12）和零少词（见图4-13）。

图4-11　选词专家——热搜词分析

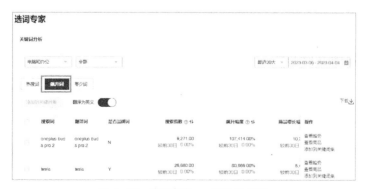

图4-12　选词专家——飙升词分析

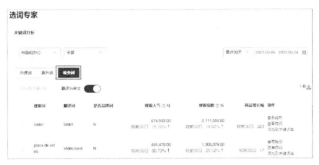

图4-13　选词专家——零少词分析

　　热搜词，顾名思义就是热门的词汇；飙升词指在某个时间段搜索量突然提高的词汇；零少词指有一定的搜索量，但搜索结果数较少的词，即竞争度较低的词。

　　卖家可以通过设置行业类目、国家和地区、数据时间段三个分析维度获得相关关键词数据，还可以下载相关分析结果，在 Excel 中按照一定的标准对数据进行排序与筛选，整理出有效的关键词词表。

2.从搜索框下拉列表中选词

　　一般搜索框下拉列表中的词具有很强的参考意义，它们是速卖通平台根据买家搜索习惯推荐的词，如图4-14所示。卖家可以将这些关键词进行整理与筛选，从中选择与自己商品相关性较高的关键词作为标题设置的备选关键词。

图4-14　搜索框下拉列表中的词

3.商品所属的类目名称及规格设置

　　选择商品所属的类目名称，速卖通平台会自动显示一些热门关键词，它们与商品具有非常紧密的相关性，如图4-15所示。

图4-15　首页商品类目名称

此外，在搜索结果页面左侧也会有速卖通平台列出的商品类目，以及与商品规格相关的关键词，如图 4-16 所示，这些词也可以作为商品标题设置的备选关键词。

图 4-16　搜索结果页面商品类目及商品规格关键词

4．参考其他卖家的关键词

参考竞争对手的商品标题设置是一种比较省时、省力的搜集关键词的方法。卖家可以使用商品的核心关键词在搜索框中进行搜索，在搜索结果页面中将销量较好和评分较高的 Listing 的标题搜集起来，并将其复制在 Excel 工作表中（不用太多，5～10 条 Listing 即可），然后对这些标题进行观察和分析，通过直观对比就可以发现哪些是重要信息，哪些是商品核心关键词，从中找出人气卖家经常使用的关键词，并逐层过滤筛选，最终选出适合自己商品的关键词。

5．借鉴其他平台同行人气卖家的商品标题

在 eBay、亚马逊、敦煌网、Wish 等同类平台上也有大量的同款商品，卖家能够找到很多与自己商品相关的关键词。通过使用不同的关键词在搜索栏中进行搜索，可以得到很多有用的关键词，最后进行筛选，选择与自己商品相关性高的关键词即可。

4.2.3　设置商品标题的原则

商品标题是商品被买家搜索到和吸引买家进入商品详情页的重要因素。优质的商品标题应该包含买家最关注的商品属性，能够突出商品的卖点。

在设置商品标题时，卖家需要注意以下几点原则。

1．充分利用标题字数限制

商品标题要充分利用标题字数限制，符合平台对标题字符数的要求。标题过短不利于搜索覆盖，例如，如果卖家销售的商品是跑鞋，商品标题对于鞋的类型描述只使用了"running shoes"一词，当买家使用"sport shoes"作为关键词进行搜索时，该商品就可能不会出现在搜索结果中。因此，在符合标题字数要求的前提下，就可以将"sports shoes"放在标题中。当然，标题也不能过长，超出字数限制的标题将无法得到完全展示。

2．符合语法规则

商品标题要真实、准确地概括描述自己的商品，标题书写符合境外买家的语法习惯，没有错别字及语法错误。

3．避免关键词堆砌

标题中切记避免关键词堆砌，例如"MP3,MP3 player,music MP3 player"，这样的标题关键词堆砌不能帮助提升排名，反而会被搜索降权处罚。

4．避免虚假描述

标题中切记避免虚假描述，例如卖家销售的商品是 MP3，但为了获取更多的曝光，在标题中填写类似"MP4、MP5"的描述。速卖通有算法可以监测此类作弊商品，而且虚假描述也会影响商品的转化率，得不偿失。

5．避免使用特殊符号

标题中除了必须写出商品名称外，还应包含商品的属性、尺寸等信息。但是，不要在标题中使用特殊符号，尤其是引号、句号等，因为买家在搜索商品时一般不会在关键词之间加这样的符号，他们经常用的是空格。

> **素养提升**
>
> 诚信既是个人道德的基石，又是社会正常运行不可或缺的条件。在店铺运营过程中，卖家要践行诚信理念，从客观实际出发，真实地描述商品，不夸张，不弄虚作假。

4.3　商品主图的设计

商品主图的主要作用就是吸引买家的眼球。主图不仅能向买家展示商品的主要信息，还能决定买家是否会点击商品，甚至能决定买家看到商品图片后是否会直接购买商品。因此，要制作一条优质的 Listing，做好商品主图的优化至关重要。

4.3.1　商品主图的规范要求

卖家发布的商品主图要符合速卖通平台的规范要求，如果商品主图不符合要求，将会直接影响相应商品的曝光，以及商品参加平台营销活动的入选概率。速卖通平台对商品主图的统一规范要求如表 4-2 所示。

表 4-2　商品主图统一规范要求

项目	具体要求	正确示例	错误示例
背景	图片背景简单（自然场景）或使用纯色背景		
主体	图片重点展示商品主体（占据图片 70% 以上的空间），不能有水印，禁止拼图或出现多宫格（童装允许有两张拼图，左侧为模特图，右侧为商品实物图，不允许出现三张以上的拼图）		

续表

项目	具体要求	正确示例	错误示例
Logo	商品 Logo 统一放在图片左上角，且整店保持统一		
文字	图片上不能出现除 Logo 以外的多余文字，禁止出现汉字		
边框	不可添加边框		
比例	图片像素为 800px×800px 及以上，横向和纵向比例建议在 1：1～1：3		
数量	建议主图 5 张以上，至少有 1 张细节图和 1 张实拍图		

4.3.2　商品照片的拍摄

图片会说话，有时无须太多的文字，一张优质的图片往往就能吸引买家的注意，激发买家购买的欲望。要想让主图最大限度地吸引买家的关注，卖家在拍摄商品照片时需要讲究一些技巧。

1. 选择专业的拍摄设备

卖家只有拍摄出高质量的商品图片，才能让商品真实、清晰地展现在买家面前。一般来说，拍摄网店商品图片需要用到以下器材。

（1）数码相机：卖家拍摄商品照片使用的数码相机最好具有合适的光感元件、具备手动模式、微距功能，具有外接闪光灯的热靴插槽，可以更换镜头。

（2）三脚架：其主要功能是保持相机稳定，以保证照片的清晰度。

（3）灯具：如果卖家选择在室内拍摄，一般需要准备至少 3 只照明用的灯具，最好是30W 以上三基色白光节能灯，这种灯色温较好，且价格比较便宜。

（4）拍摄台：主要用于放置被拍摄的商品。如果卖家没有专业的拍摄台，可以将商品放在桌子、椅子、茶几、大号纸箱等物品上进行拍摄，也可以将商品放在光滑、平整的地面上进行拍摄。

（5）背景材料：如果卖家有足够的资金预算来准备专业的拍摄场地，就可以购买专业的背景纸、背景布用于拍摄商品照片。如果卖家预算有限，没有足够大的场地用于拍摄商品照片，就可以购买一些全开的白卡纸作为背景材料，既经济又方便。

2．有效使用自然光

使用自然光也能拍摄出高质量的商品照片，而使用人工打光反而讲究技巧，如果没有经验，操作起来会比较困难。

卖家最好将拍摄地点选择在室内靠近窗户的地方，这样就可以利用自然光让商品呈现出最自然的照明效果；不要将拍摄地点选择在室外，因为室外容易导致照片出现曝光过度或阴影太强的情况。

选择靠近窗户的地方作为拍摄地点，不能让窗户处于相机的正前方或正后方的位置，应该让光源从侧面射向商品。通常来说，窗户的光源只能从一个方向射向商品。为了避免光线分布不均匀，可以在商品的另一侧放一个反光板，让光线发生反射，进而让光线均匀分布。

3．使用白色背景

专业的商品照片通常选择使用白色背景，因为用白色做背景能让光线反射在商品上，从而让商品的光线更加饱和。

如果要拍摄的商品体积比较小，可以使用椅子和全开白卡纸搭建一个简易拍摄台，如图4-17所示。如果要拍摄的商品体积比较大，可以制作一个布景架，或者用挂钩将布景固定在墙上，这样也方便长期拍摄，如图4-18所示。

图4-17 简易拍摄台

图4-18 布景架

拍摄服装类商品时，拍摄之前要先将服装的褶皱整理好，然后将商品平铺在摄影台上进行拍摄；如果有模特，在模特穿戴好之后要再次检查并处理商品的褶皱，然后进行拍摄（此时可以将白卡纸贴在白墙上作为拍摄背景）。

如果商品是纯白色的，如婚纱、白色服装等，通过打光也不能完全避免出现阴影的情况，卖家在拍摄照片时可以先使用纯蓝色的背景，然后在后期处理时使用图像编辑工具进行背景置换。

4．选择合适的取景方位

速卖通平台要求卖家尽可能全方位地展现商品，因此卖家在拍摄照片时可以多变换取景方位，尽可能多角度地展现商品。

网店商品照片常用的取景方位有正面取景（见图4-19）、侧面取景（见图4-20）和背面取景（见图4-21）3种。如果卖家在拍摄一款商品照片时使用到这3种取景方位，一般可以让商品形象得到较全面的展现。

图 4-19 正面取景

图 4-20 侧面取景

图 4-21 背面取景

　　卖家在拍摄一些体积较小或结构比较平面化的商品时，可以采用顶部取景的方式，即将商品平铺在桌面上，卖家从高处俯拍商品，如图 4-22 所示。而在拍摄一些有底座的商品时，卖家可以采用底部取景的方式，即从低处拍摄商品。

图 4-22 顶部取景

5．选择合适的取景角度

　　网店商品照片常见的取景角度有俯拍、平拍与仰拍三种。俯拍是指将相机置于商品的上方，拍摄视角朝下，这种取景角度通常可以拍摄到商品的顶部；平拍是指相机所在的位置基本与商品放置位置持平，镜头的拍摄角度接近于 0°，拍摄视角基本呈水平状态。仰拍是指相机的位置低于商品放置的位置，拍摄视角向上，这种取景角度通常可以展现出商品下方更多的细节。

　　在拍摄商品照片时，卖家要根据实际情况选择取景角度。不同取景角度产生的照片效果的差异主要体现在两个方面。第一是照片中呈现的商品细节有所不同，俯拍更多地呈现商品上半部分的细节，平拍更多地呈现商品侧面的细节，仰拍更多地呈现商品下半部分的细节。第二是体现的商品透视感不同，仰拍容易让商品的顶部显得比较大，让商品看起来比较短小；平拍可以比较真实地反映商品各部分的比例；仰拍容易让商品底部显得比较大，让商品看起来更大。

6．选择合适的构图方法

　　网店商品照片常用的构图方法有中央构图法、三角形构图法、井字构图法、对角线构图法和留白构图法。

　　（1）中央构图法

　　中央构图法是将被拍摄的商品放在画面的中心，使商品更加突出，如图 4-23 所示。

（2）三角形构图法

三角形构图法是卖家将被拍摄的商品摆放成三角形的形状（见图 4-24），这样既能让被拍摄商品的重心更加稳定，也能让人从视觉上感到安定、放心。

图 4-23　中央构图法

图 4-24　三角形构图法

（3）井字构图法

井字构图法即用两条横线与两条竖线将画面进行等分，这时四条线段就形成一个"井"字，画面中也产生四个交点，在拍摄照片时，卖家可以将商品放置在任意一个交点的附近，如图 4-25 所示。

在某些情况下，商品是成对出现的，此时卖家需要从两个商品中选出一个作为拍摄主体，并采用井字构图法，将拍摄主体放在线段交点附近，如图 4-26 所示。

图 4-25　井字构图法

图 4-26　拍摄主体放在交点附近

（4）对角线构图法

对角线构图法就是将被拍摄的商品放在画面的对角线上，这种构图方法可以让画面显得更有活力。一般来说，条状商品更适合采用对角线构图法进行拍摄，因为条状商品通过规则的摆放可以营造一种方向感，而正方体、球体等完全对称的商品则无法营造这种感觉。在拍摄时，卖家也可以将被拍摄商品集合起来，并将其摆放在画面的对角线上，如图 4-27 所示。

（5）留白构图法

留白构图法是指卖家在拍摄商品照片时在画面中适当留出一些空白，使商品更加突出。在普通摄影作品中，在画面中留白通常是为了让画面更有意境；而在网店商品摄影中，商品照片可能需要添加一些花边、文字或水印等装饰性或说明性的元素，卖家在拍摄商品照片时要在画面中留有足够的空白，以免商品主体被添加的其他元素遮挡，如图 4-28 所示。

图 4-27　对角线构图法

图 4-28　留白构图法

7．优化商品图片

对照片进行编辑与优化也非常重要，卖家可以使用 Photoshop 之类的图像编辑工具对照片进行优化，如调整照片大小、调整照片曝光度、调整照片饱和度、对照片中的模特进行美化等。需要注意的是，不能过度编辑照片，卖家应该为买家提供最真实的商品图片，如果卖家对商品进行了过度美化，买家收到商品以后发现实物与商品图片不符，就容易引起纠纷。

4.3.3　商品主图的展示设计

卖家在进行商品主图的展示设计时可以采用以下技巧。

（1）突出商品主题

商品主图要重点突出商品，能够让买家一看到图片就可以看出卖家销售什么。因此，卖家要分清图片中内容的主次，在图片中重点展示自己售卖的商品，尽量减少次要元素。例如，为了展现服饰、手表类商品的穿戴效果，一些卖家通常会使用带有生活场景、街道景观的图片作为商品主图，在这种情况下，卖家使用的图片背景中不要有过多的次要元素，背景的颜色也不要与商品颜色过于接近，以免影响商品的展示效果。

（2）多样化展示方式

如果商品的款式或颜色较多，卖家可以采用单品+多款式或多颜色展示的方式，即在主图中重点突出一个款式或颜色的单品，其他款式或颜色的商品在该单品旁边用小图展示，如图 4-29 所示。

图 4-29　单品+多颜色展示

（3）用特写图片展示商品细节

为了更好地展示商品的细节或质地，卖家可以在主图中添加带有特写镜头的图片，如图4-30所示。卖家可以在特写图片中展示商品的按钮、商品的零部件、带有价值信息的价格标签、商品某个独特的设计等。

图4-30　用特写图片展示商品细节

（4）在主图区域添加短视频

卖家可以在主图区域添加短视频，通过视频的形式更加直观、形象地展示商品，如图4-31所示。在添加短视频时，卖家要确保短视频的格式、内容符合速卖通平台的要求，否则短视频是无法展示的。

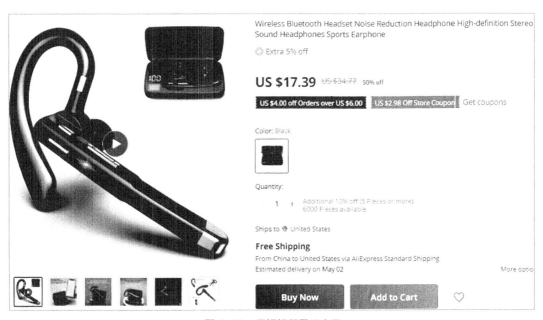

图4-31　用短视频展示商品

4.4 商品详情页的设计

商品详情页是全面展示商品的主要通道，是卖家和买家展开对话、影响并说服买家下单的地方。能否将访客变成自己的真实买家，提高商品转化率，关键就在于商品详情页中对商品的描述。

4.4.1 商品详情页的结构

在撰写商品详情页之前，卖家首先要了解买家的需求，要知道买家想从商品详情页中获得哪些信息。只有充分了解买家的关注点，卖家才能更好地"对症下药"，抓住买家的购买心理。通常来说，买家在商品详情页中关注的信息点主要有以下几个方面，如图 4-32 所示。

图 4-32 买家关注的商品信息

一般来说，一个完整的商品详情页应该包括商品说明、实力展示、交易说明、促销说明、吸引购买等信息，如图 4-33 所示。

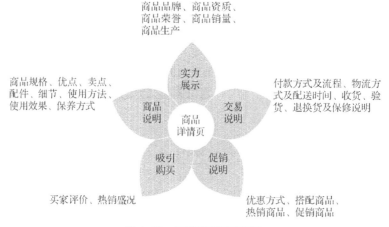

图 4-33 商品详情页的结构

撰写一个优质的商品详情页面并不是随便将商品内容堆砌在一起就可以了，而是要讲究技巧的。

1. 设置精美的模板

为商品详情页设计一个精美的模板，不仅能为买家创造精美的视觉体验，还能显示出卖家的用心和专业。卖家既可以自行设计商品描述模板，更好地展现自己的风格，也可以从速卖通平台购买模板。

2．用图片展示商品详情

在无法看到商品实物的情况下，买家只能通过商品图片了解商品的情况。因此，一张高质量的商品图片能向买家传递很多信息，如商品的规格、款式、颜色、材质、形状和大小等。商品图片质量的高低会对订单成交与否产生决定性的影响。

3．详细说明商品使用方法、保养方法

对于一些使用起来比较复杂的商品来说，卖家最好在商品详情页中对商品的使用方法进行详细说明，以免买家频繁地向卖家咨询商品的使用方法，同时也避免发生因为买家不会使用或使用不当认为商品存在问题从而投诉卖家的情况。

图4-34和图4-35所示为某款假发商品详情页展示的假发清洗方法和佩戴方法，以图文并茂的方式向买家说明了如何清洗和佩戴该款假发，更利于买家正确地保养和佩戴假发，增强了买家对该卖家的信任度。

图4-34　某款假发的清洗方法展示　　　　图4-35　某款假发的佩戴方法展示

4．展示商品好评

在商品详情描述中可以放上一些买家好评，也可以放一些卖家与买家的聊天记录，以提高其他买家对商品的信任度。图4-36所示为某款婚纱商品详情页面展示的买家好评。

图4-36　商品详情页买家好评展示

5．商品实力展示

为了更好地展示商品的高品质，增强商品的说服力，卖家可以在商品详情页中展示商品所获得的荣誉、商品品牌影响、商品制作工艺等内容。图4-37所示为某款婚纱商品详情页展

示的该款婚纱的制作过程，让买家清晰、直观地了解婚纱的制作方法，从而增强其对婚纱品质的认同感。

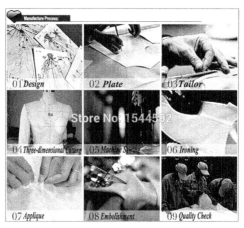

图 4-37　商品详情页商品制作过程展示

6．明确说明商品交易相关信息

商品交易相关信息是为了帮助买家解决一些已知或未知的问题，例如是否支持退换货、发什么快递、商品出现质量问题如何解决、发票问题等，如图 4-38 所示。做好这些工作能在很大程度上减轻客服人员的工作负担，提高买家静默下单的转化率。

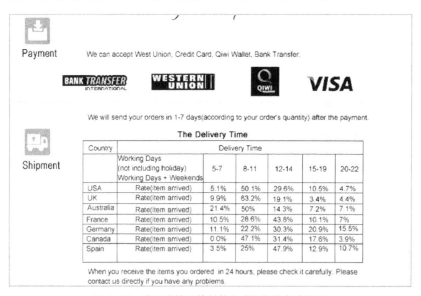

图 4-38　商品详情页的付款方式和物流方式说明

7．合理设计商品推荐

商品详情页中的商品推荐分为同类商品推荐和搭配商品推荐两种。添加的同类商品推荐要突出同类商品中不同商品的优势，告诉买家怎样选择最适合自己的商品。此外，卖家还可以在同类商品推荐中体现出购买咨询和导购信息。添加的搭配商品推荐要突出商品之间的搭配艺术，如商品之间的功能互补，不同搭配效果的视觉呈现等，让买家明白购买搭配推荐商品不仅能得到价格上的优惠，而且能得到附加价值。

在设计商品推荐时还要注意一点，即商品推荐模块的位置。很多卖家会将其放在商品描述的第一屏，买家容易产生反感，因为买家查看商品详情描述最想了解的是该商品的信息，而不是其他商品的信息。因此，卖家可以将商品推荐模块放在商品描述的中间或底部位置。

4.4.2 商品详情页商品展示图片的设计

在网购中，买家主要是通过商品图片了解并选择商品的，图片质量的好坏会直接影响买家的购买行为，进而对商品的销量产生影响。因此，一个成功店铺的卖家从来不会忽视商品图片的作用。

对于商品详情页中的图片展示来说，卖家可以从以下几个方面入手。

1. 展示商品全景图

商品全景图能让买家对商品产生全面的印象，对商品形成一个形象、真切的认识。展示商品全景的图片大小、颜色、分辨率等非常重要，要尽可能让买家能够清晰地感受到商品的材料和质地等。

2. 模特场景展示

向买家展示商品全景图只能让买家知道这件商品是什么样子的，要想进一步刺激买家的购买欲望，可以使用一些模特、场景图展示商品的使用效果，让买家对此有切实的感受。例如服装类的商品，使用真人试穿的图片更能体现出其试穿效果，从而让买家放心地购买自己心仪的商品，如图4-39所示。

此外，还可以使用有场景的商品照片，这样的照片更具视觉冲击力，给买家以真实感，还能起到装饰店铺的作用，进一步吸引买家的眼球，增加买家对店铺的好感，如图4-40所示。除了模特展示图和场景展示图之外，卖家还可以展示一些已经购买过商品的买家试穿效果图，这样更能增强说服力，如图4-41所示。

图4-39 某款婚纱的模特展示图

图4-40 某款婚纱的场景展示图

图4-41 商品详情页的买家试穿效果图

3. 展示商品细节，透视卖点

买家不都是仅看图片就能下定决心购买的，他们还会注重商品的细节，希望从各个方面尽可能详尽地了解自己中意的商品。因此，卖家要尽可能多地展示商品的细节，让买家能够直观、清晰地看到商品各个部位的特点，增加其购买的信心。图 4-42 所示为某款女式单肩包的细节展示。

图 4-42　某款女式单肩包的细节展示

4.4.3　商品详情页文字描述的撰写

一个精美的商品详情页是由图片和文案组成的，通过对图片和文案进行合理的排版，使买家形成一种信息和视觉上的导向。在商品详情页中，除了图片能对买家造成视觉上的冲击外，文字描述能向买家传达更加完整的商品信息。在商品详情页的设计过程中，卖家在重视商品图片设计的同时，也不能忽视文字描述的撰写，应该做到内容与视觉效果并重。

卖家在撰写文字描述时，可以采用以下技巧。

1．向买家展示商品能给他们带来的好处

在商品详情页文字描述中介绍商品的各项功能是很多卖家常用的方法，但这并非是最佳的做法。买家在浏览商品详情页时，虽然想知道商品的功能和规格，但他们更想知道商品的这些功能将会给他们的生活带来哪些好处和改变。例如，对于销售搅拌机的卖家来说，需要向买家强调所销售的商品不只是一台高功率的搅拌机，而是一种更便捷、更健康的饮食方式；对于销售台灯的卖家来说，需要向买家强调所销售的商品不只是在夜间能够提供照明的灯，而是在为刻苦学习的孩子带来维护视力健康的保障。

要想将沉闷无趣的商品功能描述变成生动、有价值的文案，卖家不能仅单纯地介绍商品功能，更要突出商品给买家带来的好处。例如，如果卖家销售的是实木床，在描述商品时与其说 "Maple wood frame"（床由枫木制成），不如说 "Maple wood frame so you wouldn't have to change your bed every three years"（床由枫木制成，这能让你省去每三年换一次床的麻烦）；与其简单地说 "cushioned, waxed leather headboard with protective coat"（实木床有加了衬垫、上过蜡、带有保护层的皮革床头板），不如说 "generously cushioned, waxed leather headboard to rest your head in comfort without worrying about staining it"（加了衬垫、上过蜡的皮革床头板能让你的头部感到安稳、舒适，也不用担心会弄脏它）。

综上所述，一种更能刺激买家购买欲望的文字描述的写法就是：列出商品的每个功能，然后分别列出每个功能可以给买家带来的好处。

2．合理地使用形容词和填充词

某个销售毛绒玩具的卖家在商品详情描述中这样介绍自己的一款毛绒玩具："This doll is

an adorably, sweet, pink plush toy that'll make a great birthday present for your daughter or granddaughter."（这是一个可爱、甜美、粉色的毛绒玩具，是为你女儿或孙女准备的绝佳生日礼物）。虽然这句英文在语法上没有错误，但其中加了太多没有意义的形容词和填充词，让整个句子显得很啰唆。

在一个句子中添加太多没有实际意义的形容词和填充词，只会让赏心悦目的描述变得画蛇添足，让买家读起来感到啰唆和困惑，最终导致买家离开商品页面。

将上面的句子改成："A pretty-in-pink plush doll that'll make your five-year old squeal with delight."（一个漂亮的粉色毛绒娃娃，它会让你五岁的孩子高兴到尖叫）。这句话在准确地向买家传达商品颜色的同时，还向买家描绘了一幅孩子收到毛绒玩具时兴奋的画面，刺激了买家的购买欲望。

在撰写文字描述时，要合理地使用形容词，一个名词前只用一个形容词，可以使用一些最能刺激感官的形容词，果断摒弃无意义的填充词，如"good""leading""best-in-class""nice"等。

3．合理分段，设置精美的格式

在跨境电商交易中，商品文字描述都是用外文书写的，很多卖家在撰写过程中不注意分段，把大段大段的文字堆砌在一起，要点中只列出商品功能，没有展示商品的亮点，如图4-43所示。这种做法只会增加买家阅读的困难，降低买家的阅读体验，最终导致买家离开商品页面。

NOTE:For the color, there maybe some difference from the picture because of the light and screen.Pls allow 2-3cm error because of manual measurement. NOTE:Pls place order according the size information. If you can't choose the size or any other problems,pls contact us before payment,we will reply you as soon as possible.Thank you very much.

图4-43　不注意分段的商品描述

商品文字描述的格式甚至比其本身内容更加重要，因此卖家要注意合理分段，文本段落之间用空格隔开，为买家创造舒适的阅读体验，这样有利于延长买家在页面的停留时间，进而提高商品转化率，如图4-44所示。

PRODUCT DISCRIPTION

2018 Summer Long Dress Floral Print Boho Beach Dress Tunic Maxi Dress Women Evening Party Dress Sundress Vestidos de festa XXXL
Size: S M L XL XXL XXXL
Fabric: Cotton blend
Pattern: Floral print
About size:
1. Asian sizes are 1 to 2 sizes smaller than European and American people.
2. Please check the size chart carefully before you buy the item, if you don't know how to choose size, please contact our customer service.
3. Please allow 2-3cm differences due to manual measurement. (1cm=0.39inch, 1 inch=2.54cm)
4. Choose the larger size if your size between two sizes.
About color:
As youl know, the different computers display colors differently, the color of the actual item may vary slightly from the following images.

图4-44　合理分段并设置精美格式的商品描述

素养提升

以人为本就是要重视人的需要，卖家在设计商品详情描述时要从买家需求出发，遵循实用、美观的基本原则，以实用价值为基点，为买家提供符合他们实际需求的商品详情描述，使商品详情描述体现出对人的关怀和尊重。

▌课堂实操：发布商品

在速卖通店铺发布商品的具体操作方法如下。

（1）进入速卖通店铺后台，单击"商品"|"商品发布"选项，如图 4-45 所示。

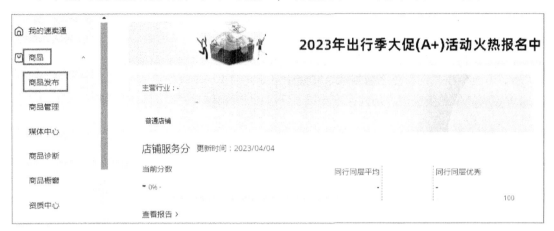

图 4-45 单击"商品发布"选项

（2）进入商品基本信息设置页面，选择发布语系，填写商品标题，选择商品类目，然后单击"确定"按钮，如图 4-46 所示。

图 4-46 设置商品基本信息

（3）添加商品图片，包括商品正面图、侧面图、细节图等，如图 4-47 所示。营销图又称第 7 张图，仅服饰行业类目下会展现，非必填项。

（4）卖家可以选择为商品添加商品视频，以提高商品转化率，如图 4-48 所示。上传的商品视频会展示在前台商品主图区。

图 4-47　添加商品图片

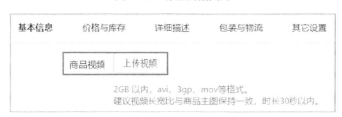

图 4-48　添加商品视频

（5）设置价格与库存，如图 4-49 所示。

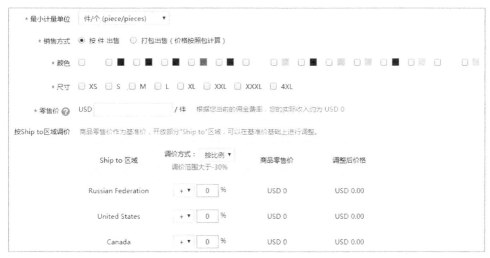

图 4-49　设置价格与库存

（6）设置商品详情描述，平台提供了新版编辑器和旧版编辑器两种装修工具，卖家可以自行选择使用，如图 4-50 所示。

（7）设置包装与物流，如图 4-51 所示。卖家在商品发布页面填写信息时，可以随时单击"保存"按钮，对于已保存的该条商品信息，卖家可以在"商品管理"｜"草稿箱"中进行查看、编辑与删除。信息全部填写完毕并确认无误后，单击"提交"按钮即可，提交前支持预览。

图 4-50　设置商品详情描述

图 4-51　设置包装与物流

课后习题

1. 影响速卖通商品搜索排名的因素有哪些？

2. 挖掘商品标题关键词的方法有哪些？

3. 一个完整的商品详情页应该包括哪些部分？

4. 在速卖通平台搜索一款商品，按 Best Match 排序，查看在搜索结果中排名前 10 位的商品，分析这些商品的标题、主图与商品详情页的特点。

📖 课后实训：设计商品详情页并发布商品

1. **实训目标**：掌握设计商品标题、商品主图、商品详情页的技巧，会在店铺中发布商品。

2. **实训内容**：以组为单位，完成商品标题的撰写、商品图片的拍摄、商品详情页的设计，并发布商品。

3. **实训步骤**

（1）设计商品标题

全面了解并分析商品，搜索关键词，为商品设计具有吸引力的标题。

（2）准备商品图片

拍摄商品图片，包括商品主图和商品详情页中的图片，并对图片进行合理的美化，调整商品图片大小，让商品图片符合速卖通平台的要求。

（3）设计商品详情页的文字描述

根据对商品的了解，为商品设计具有吸引力的文字描述。

（4）发布商品

在店铺内发布商品，正确选择商品类目，正确、全面地设置商品信息，完善商品的图文描述，让商品详情页的信息更加完善，提升商品详情页对买家的吸引力。

4. **实训总结**

学生自我总结	
教师总结	

第5章

站内营销：运用站内流量实现营销落地

学习目标 ↓

➢ 掌握站内推广的产品类型与策略。
➢ 掌握设置单品折扣、满减优惠、店铺 Code、互动活动的技巧。
➢ 掌握做好直播营销的技巧。
➢ 掌握实施内容营销的技巧。
➢ 掌握做好平台大促计划的技巧。
➢ 培养和提高风险预测和成本预算能力。
➢ 激发创新活力，勇于创新。
➢ 坚持系统观念，提高制订全局性营销规划的能力。

　　流量是店铺的生命线。没有高流量，店铺中的商品就很难有高销量。为了帮助卖家开展引流推广工作，速卖通提供了丰富的引流工具，如站内推广、各类店铺自主营销工具及平台各类大促活动等。速卖通卖家需要掌握站内各类营销工具的运用方法，最大限度地利用站内资源开展引流工作。

5.1　站内推广

站内推广是速卖通平台推出的付费推广工具，其包括多款不同的工具，每款工具各具优势，并且适用于不同的场景。

5.1.1　站内推广工具介绍

站内推广包括商品推广、品牌推广和全店管家，各款工具具有各自的特点。

1. 商品推广

商品推广包括智能投和自己投，两者又包括不同的产品。

（1）智能投

智能投是通过系统智能进行商品推广，卖家只需选好要推广的商品和设置推广预算。智能投包括智投宝、新品宝和仓发宝三款产品，各款产品特点如表 5-1 所示。

表 5-1　智能投各款产品的特点

产品名称	特点	适用场景
智投宝	① 覆盖速卖通平台搜索渠道的流量和推荐渠道的流量； ② 卖家只需确定要投放的商品、确定预算和出价，系统会帮助卖家自动匹配精准关键词和精准人群	① 适合推广所有商品； ② 适用于缺少投放经验或精力有限的卖家
新品宝	① 对被推广的新品进行单独竞争排序，能获得分阶段流量权益； ② 覆盖速卖通平台搜索渠道和推荐渠道的流量，智能选词、选人群，卖家在创建计划中无须手动选词和选人群； ③ 被推广的商品能优先进入位于速卖通 App 首页 More To Love 和 PC 端首页的新品频道（New Arrivals），针对对新品感兴趣的人群优先曝光，帮助商品获得精准人群曝光	适合推广店铺内的新品，如点击率、转化率较高的新品
仓发宝	能够帮助卖家的仓发商品实现国家定向精准营销，投放仓发宝的商品能享受额外优质流量；同时，系统会根据卖家所选的仓发商品和国家，提供预算和出价建议	适合推广仓发商品

（2）自己投

自己投是原直通车和灵犀推荐的升级，它支持卖家同时投放搜索和推荐双渠道，卖家可以自主选品、设置预算、设置关键词，选择投放位置、投放人群。卖家通过渠道选择目标关键词并逐个为关键词设置出价，可以针对推荐渠道单独设置商品出价，也可以根据投放地域、人群、资源位等不同方式进行更加精细化的差异化出价。

在自己投中，卖家可以自己选择推广商品的投放位置，投放位置包括搜索+推荐、仅搜索、仅推荐。卖家创建一条投放位置为"仅搜索"的自己投，其推广优势与效果相当于原来的直通车；卖家创建一条投放位置为"仅推荐"的自己投，其推广优势与效果相当于灵犀推荐；卖家创建一条投放位置为"搜索+推荐"的自己投，可以让投放的商品覆盖更多的流量，系统会根据竞争环境和商品适配度灵活分配推广预算在搜索与推荐两个渠道中的花费，帮助卖家提升投放效果。

概括来说，智能投和自己投的对比如表 5-2 所示。

表 5-2　智能投和自己投的对比

项目	智能投	自己投
选品	卖家自主选品	卖家自主选品
预算	推广单品，最低预算可设置 10 元；推广多品，最低预算可设置 50 元	推广单品，最低预算可设置 10 元；推广多品，最低预算可设置 30 元
出价	PC 端和移动端分别出价；整个计划统一出价	商品推荐渠道单独出价；商品关键词单独出价；卖家需要单独设置投放地域和人群溢价
投放位置	仅搜索、仅推荐、搜索+推荐	仅搜索、仅推荐、搜索+推荐
投放地域	系统自动匹配	卖家自主设置
人群溢价	系统自动匹配人群	卖家自主添加人群标签，并设置出价

2. 品牌推广

品牌推广包括钻展和商品推广。

钻展与商品推广的区别如表 5-3 所示。

表 5-3　钻展与商品推广的区别

项目	钻展	商品推广
展示位置	速卖通移动端首页"猜你喜欢"的第一个 Banner 位置，在第 2 帧~第 6 帧随机展示	① 商品推广—搜索的展示位置为主搜索结果页面推广位和搜索页底部推荐位；② 商品推广—推荐的展示位置为购物车/收藏夹/物流详情页等购中和购后的各类商品推荐位
推广逻辑	锁定固定的投放位置，卖家设置投放时间段和曝光量后，系统将卖家推广的商品或店铺直接推送给受众	① 商品推广—搜索通过匹配搜索关键词的特定人群，在搜索结果页面的推广位展示卖家的推广商品，买家在主动搜索时才能看到推广商品；② 商品推广—推荐是系统根据卖家的品类特点与受众行为进行匹配，智能将卖家的商品推送给可能对该品类感兴趣的受众
扣费方式	按千次曝光付费	按点击付费

3. 全店管家

全店管家是一款一键推广工具，卖家开启全店管家后，系统会将全平台的搜索、推荐流量与卖家店铺内的商品进行匹配，让全店商品都获得免费曝光的机会。卖家不需要进行选品，系统会自动选取适合推广的商品和流量进行匹配。

全店管家按照点击付费，店铺内推广商品曝光不扣费，买家点击了卖家推广的商品时，才会进行扣费。扣费不会超过卖家出价上限，当日扣费不会超过卖家设置的日限额。

5.1.2　站内推广的策略

开展站内推广需要讲究一定的策略，这样才有助于取得良好的推广效果。卖家在使用站内推广实施营销活动时可以采用以下策略。

1．选择合适的推广工具

如果卖家想提高商品销量，或者重点推广某款商品，建议选择商品推广。如果卖家想获取爆发性流量，积累店铺访客，提升品牌知名度，建议选择品牌推广。

具体来说，卖家可以采用表5-4所示的策略选择推广工具。

表 5-4　站内推广工具选择策略

商品类型	场景描述	适合的推广工具	推广要领
新品	店铺新品	适合选用新品宝、智投宝	全智能投放，最大限度地帮助新品获得曝光量，解决新品冷启动的问题
非新品	店铺内有多款商品，商品相似度高，卖家无法确定哪款商品更好，店铺无须进行精细化管理，但需要性价比较高的整体流量	适合选用智投宝、全店管家	运用智投宝确定要推广哪些商品，运用全店管家确定不推广哪些商品
	店铺内有少数核心商品，有引流款；店铺经营对国家或目标受众有特殊要求；店铺需要严格控制预算	① 通过生意参谋进行分析后，针对搜索支付转化好、推荐支付转化差的商品，可以选用自己投—搜索； ② 针对搜索支付转化差、推荐支付转化好的商品，可以选用自己投—推荐； ③ 针对搜索/推荐支付转化均符合预期的商品，可以选用自己投—搜索+推荐	按照国家、人群、关键词对推广计划进行精细化管理，灵活管理搜索、推荐的流量
仓发商品	仓发的商品	适合选用仓发宝	运用仓发宝，为仓发覆盖范围内的商品制订全周期成长方案，提高商品销量

2．根据推广工具的特点采用不同的策略

不同的推广工具具有不同的特点，在具体操作中，卖家可以根据推广工具的特点采取不同的策略。

（1）智投宝投放策略

① 选品：卖家最好选择店铺内潜在爆款商品或者热门款商品进行投放。

② 投放渠道：在推广计划创建一周内，选择搜索和推荐双渠道进行投放，以便获得更多流量进行市场测试，后期再根据投放效果调整投放渠道。

（2）新品宝投放策略

① 选品：卖家最好选择店铺内点击率、转化率较高的新品进行投放。

② 出价：与店铺内老品相比，新品出价最好为系统建议出价的120%～130%，以保证新品的竞争优势；建议单品预算不少于10元，卖家可以根据商品成本略微上调出价。

（3）仓发宝投放策略

① 店铺内动销正常的商品：对于店铺内引流爆款商品，卖家在设置投放国家（地区）时可以设置为定向投放若干个高成交国家（地区），出价最好比系统建议出价高20%；对于店铺内潜在爆品，卖家在设置投放国家（地区）时可以选择不少于10个核心成交国（地区），以确保商品能获得充分曝光，在出价时按照常规设置即可，测试出转化率较高的国家（地区）

后再增加预算。

② 店铺内入仓新品：在选择投放国家（地区）时，卖家可以选择系统推荐的国家（地区），数量不少于 20 个，以让商品获得充分曝光；卖家可以按照常规设置培养热销商品的策略来出价，先出较低的价，然后逐步提高出价，在出价过程中要注意平衡成本和曝光。

（4）自己投投放策略

① 有优势的商品更容易获得买家的青睐，因此卖家可以从以下四个方面考虑自己投选品。

- 销量（收藏量）高的商品：有一定的销量（收藏量）积累，更容易获得买家的信任。
- 转换率高的商品：店铺转换率高的商品更容易吸引买家的关注。
- 有充足货源的商品：有充足的货源保证，以免因高销量造成缺货。
- 利润、价格相对有优势的商品：因为价格和利润过低的商品，即使有不错的销量，也可能无法赚回自己投推广耗费的费用，所以卖家要选择利润、价格相对有优势的商品。

② 卖家在选择关键词时应该选择曝光度高、点击率高、匹配度高的词语，且关键词的选择需要分步进行。在第一阶段，卖家可以广加词、多加词、勤更新，将系统能匹配的、与自己商品相关的优词、良词都添加上。在第二阶段，卖家要进行精准加词，删掉那些与商品关系不大或点击量过低的关键词，同时可以减少虽然点击量较高，但与商品关系不大的关键词。

③ 卖家在设置投放自己投商品的标题时，要注意以下事项。

- 标题要符合英文语法规范，语法不要太复杂，以降低系统理解的难度。描述性的词要放在核心词前面，表示功能性特征的词要放在"with"的后面。
- 标题和商品属性要连接紧密，卖家应尽量将商品属性填写完整。
- 标题不能太长，也不能太短，表示重要属性、买家关注点和卖点的关键词尽量放在前面。

④ 商品图片要清晰、美观，让买家一眼就能看清商品；图片背景要简单，不能喧宾夺主；水印不能加得太明显。

（5）钻展投放策略

① 出价：按照 CPM 方式计费，目前系统提供了每千次曝光 10 元、每千次曝光 7 元、每千次曝光 5 元三个出价档位，普通卖家可以选择每千次曝光 5 元的出价档位，自定义卖家可以选择每千次曝光 7 元的出价档位。

② 计划排期：对于所有计划建议，卖家最好投放 5 天以上，如果卖家的预算较少，建议卖家投放 3 天以上，这样有利于让推广顺利度过冷启动期，积累优质数据，在后续取得更好的效果。

（6）全店管家投放策略

① 推广计划搭配：全店管家投放与智能投、自己投不互斥，卖家可以在投放智能投或自己投的同时投放全店管家，以让自己的商品获取尽可能多的流量。

② 出价：全店管家有最高出价和智能调价两种出价方式，最高出价即要求全店管家的最终扣费价格不会超过卖家设置的出价，智能调价即系统根据平台情况，结合行业出价竞争度，智能地为卖家提供一个合理的出价，投放经验丰富的卖家，可以选择最高出价的出价方式，缺乏投放经验或精力有限的卖家，可以选择智能调价的出价方式。

课堂实操：投放站内推广

下面重点介绍投放智投宝、自己投和钻展的操作方法。

1．投放智投宝

在速卖通平台投放智投宝的具体操作方法如下。

（1）进入速卖通店铺后台，单击"推广"｜"站内推广"选项，如图5-1所示。

图5-1　单击"站内推广"选项

（2）进入站内推广页面，单击"创建商品推广"按钮，如图5-2所示。

图5-2　单击"创建商品推广"按钮

（3）进入新建推广计划页面，分别选中"智能投"和"智投宝"单选按钮，在页面左侧选择要投放的商品，在页面右侧设置计划名称、每日预算、投放模式、投放位置等，设置完成后单击"一键推广"按钮，如图5-3所示。

图5-3　新建推广计划

2．投放自己投

在速卖通平台投放自己投的具体操作方法如下。

（1）进入速卖通店铺后台，单击"推广"｜"站内推广"｜"创建商品推广"按钮，进入新建推广计划页面，选中"自己投"单选按钮，选择要推广的商品，设置计划名称，进行预算设置，如图 5-4 所示。

图 5-4　选择推广商品和投放位置

（2）设置搜索位置关键词出价，关键词出价分为重点模式和快捷模式。在重点模式下，卖家可为每个推广商品单独选择和管理关键词，一个推广计划可以同时选择多款商品，每款商品最多匹配 200 个关键词；在快捷模式下，卖家可以批量选品选词，打包推广类似商品。一个推广计划可以同时选择多款商品进行推广（一般建议商品数少于 10 个），卖家批量添加的关键词与商品不需要一一对应，系统会择优为相关性强的推广商品和关键词建立绑定关系。在快捷模式下，卖家可以设置单个词出价，也可以批量调价。在此选中"重点模式"单选按钮，选择并设置关键词出价，如图 5-5 所示。

图 5-5　设置搜索位置关键词出价

（3）设置推荐位置商品出价，如图 5-6 所示。

图 5-6　设置推荐位置商品出价

（4）选择投放地域，分为全球和手动两种模式。在此选中"全球"单选按钮，如图 5-7 所示。

图 5-7　选择投放地域

（5）选中"开启人群溢价"单选按钮，设置人群溢价，如图 5-8 所示。以上信息均设置完成后，单击"一键推广"按钮。

图 5-8　设置人群溢价

3. 投放钻展

在速卖通平台投放钻展的具体操作方法如下。

（1）进入速卖通店铺后台，单击"推广"|"站内推广"|"创建品牌推广"按钮，如图 5-9 所示。

图 5-9　单击"创建品牌推广"按钮

（2）进入新建广告计划页面，选择推广方式，选中"钻展"单选按钮，选中"合约推广"单选按钮，然后单击"下一步，设置投放信息"按钮，如图 5-10 所示。

图 5-10　选择推广方式

（3）进入设置投放信息页面，设置计划名称、投放日期、付费方式、投放地域，单击"快捷制作创意"按钮，如图 5-11 所示。

图 5-11　设置投放信息

（4）进入快捷制作创意页面，选择落地页、商品以及商品图、文案模板，并选择模板，然后单击"完成创意快捷制作"按钮，如图 5-12 所示。

图 5-12　快捷制作创意

（5）返回设置投放信息页面，单击"下一步，设置预算和出价"按钮，进入设置预算和出价页面，设置预算和出价，在此选中"10 元/千次"单选按钮，单击"生成合约金额"按钮，如图 5-13 所示。所有信息设置完成后，单击"完成并提交"按钮。

图 5-13　设置预算和出价

素养提升

市场经济环境复杂多变，能够持续健康良性发展的企业，通常具备良好的风险预测能力和控制成本的能力。在实施付费推广的过程中，卖家要制订有效的成本预算，并强化执行，以提高企业资金的使用效率，使付费推广获得最佳效果。

5.2　店铺自主营销活动

店铺自主营销活动也是电商卖家经常使用的营销方式，不仅能提高商品的曝光率，还能提高商品的订单量。速卖通平台为卖家提供了单品折扣、满减活动、店铺 Code、互动活动等店铺活动，能够帮助店铺增加销量。

5.2.1 单品折扣

单品折扣是一种直观的单品营销工具，卖家设置单品折扣后，商品在搜索推荐页面、商品详情页都会有明显的打折标志，能有效刺激买家购买，是卖家快速推出新品、打造爆品的有效工具。

卖家在设置单品折扣时，需要注意以下两点。

① 卖家要合理为商品定价，不能先为商品提价再打折，以免影响商品的搜索排名。

② 卖家在使用单品折扣时可以结合联盟营销、自己投，这样可以获得更好的营销效果。

课堂实操：设置单品折扣

在速卖通平台设置单品折扣的具体操作方法如下。

（1）进入速卖通店铺后台，单击"营销活动"|"店铺活动"|"单品折扣"选项中的"创建"按钮，如图5-14所示。

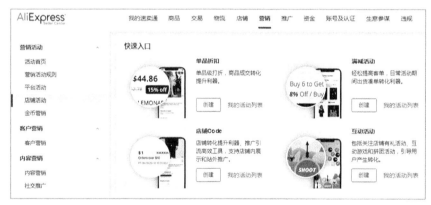

图5-14 单击"创建"按钮

（2）进入创建活动页面，设置活动名称、活动起止时间，单击"提交"按钮，如图5-15所示。

图5-15 编辑活动基本信息

（3）进入设置优惠信息页面，系统支持按单个商品、按营销分组、批量导入等形式进行设置，支持批量设置折扣（默认所有 SKU 都参加活动）、批量设置限购、批量删除等操作。在此选择批量设置折扣，选择要参加活动的商品，然后单击"批量设置折扣"按钮，如图 5-16 所示。

图 5-16　单击"批量设置折扣"按钮

（4）在弹出的对话框中设置折扣规则，然后单击"确定"按钮，如图 5-17 所示。设置完成后单击"保存并返回"按钮，即可完成活动创建。

图 5-17　设置折扣信息

5.2.2　满减活动

满减活动包括满立减、满件折和满包邮三种活动。

满立减是卖家对店铺设置"满 X 元优惠 Y 元"的促销规则，即订单总额满足 X 元，买家付款时则享受 Y 元优惠扣减。

满件折是卖家对店铺设置"满 X 件优惠 Y 折"的促销规则，即订单总商品件数满足 X 件，买家付款时可以享受 Y 折优惠，卖家无须修改价格。

满包邮是卖家对店铺设置"满 N 元/件包邮"的促销规则，买家下单时，若是订单总商品件数超过了卖家设置的 N 元/件，在买家付款时，在指定的范围内系统自动减免邮费。

满件折和满立减的优惠是与其他店铺活动优惠叠加使用的，对于已经参加折扣活动的商品，买家购买时以折扣后的价格计入满件折和满立减规则中。因此，卖家在同时使用打折工具和满件折或满立减时，要计算一下自己的利润。

卖家在使用满减活动进行自主营销时，需要注意以下两点。

① 卖家在设置满减活动的金额时要考虑店铺内商品的价格，错开区间设置满减活动。

② 规划好店铺内不同价位区间的凑单商品，以便买家凑单获得满减活动的价格优惠。

课堂实操：设置满减活动

在速卖通平台设置满减活动的具体操作方法如下。

（1）进入速卖通店铺后台，单击"营销"|"营销活动"|"店铺活动"|"满减活动"选项中的"创建"按钮，如图 5-18 所示。

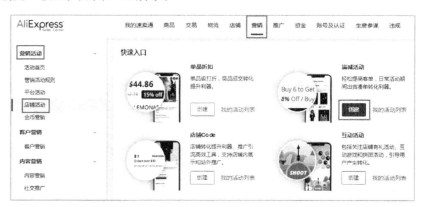

图 5-18 单击"创建"按钮

（2）进入创建活动页面，编辑活动基本信息，填写活动名称、活动起止时间，如图 5-19 所示。

图 5-19 填写活动名称、活动起止时间

（3）设置活动类型和活动详情，选中"满立减"单选按钮，设置活动使用范围为"部分商品"，满减适用国家为"全部国家"，活动详情中的条件梯度 1 为单笔订单金额大于等于 100 美元，立减 10 美元等信息，然后单击"提交"按钮，如图 5-20 所示。

图 5-20　设置活动类型和活动详情

（4）进入设置优惠信息页面，选择要参加活动的商品，卖家可以通过"选择商品"和"批量导入"两种方式选择商品，如图 5-21 所示。选好商品后单击"确定"按钮，然后单击"提交"按钮，即可完成活动创建。

图 5-21　选择活动商品

5.2.3　店铺 Code

店铺 Code（优惠码）是卖家针对商品设置一串优惠码，买家下单时输入优惠码就可以享受相应的优惠。

卖家在使用店铺 Code 时，需要注意以下事项。

（1）选择合适的发放时机

卖家使用店铺 Code 要懂得选择合适的发放时机，这样才能更好地达到提高店铺销量的目的。店铺 Code 可以作为店铺常规活动长期存在，刺激买家多买，提高客单价。卖家在使用店铺 Code 时最好配合使用"关联商品"工具，以方便买家快速找到关联商品。在做全店铺打折活动时，卖家可以利用店铺 Code 吸引买家购买，通过折上折刺激买家多买。

（2）设置合理的有效期

卖家设置的店铺 Code 的有效期一般为 7～30 天。如果有效期过长，店铺 Code 很难刺激买家尽快使用，极有可能被买家遗忘；如果有效期过短（如 1 天），买家极有可能还没选好店铺中的商品，店铺 Code 就已过期，这样无法达到提高订单量的目的。

课堂实操：设置店铺 Code

在速卖通平台设置店铺 Code 的具体操作方法如下。

（1）进入速卖通店铺后台，单击"营销"|"营销活动"|"店铺活动"|"店铺 Code"选项中的"创建"按钮，如图 5-22 所示。

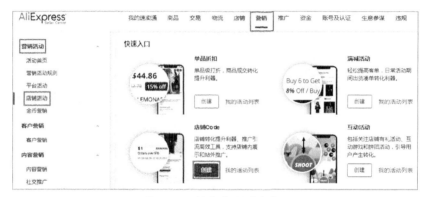

图 5-22　单击"创建"按钮

（2）进入创建店铺 Code 页面，进行优惠设置，如图 5-23 所示。

图 5-23　优惠设置

（3）进行投放设置，选择适用商品，然后单击"创建"按钮，如图 5-24 所示。

图 5-24　进行投放设置并选择适用商品

5.2.4　互动活动

互动活动是卖家通过设置互动游戏来吸引买家持续地到店铺中进行互动，获取店铺奖励，这些奖励可以让买家在店铺内购物消费。这样既能让买家获益，又能刺激买家持续地回访店铺，实现店铺后续的转化和成交，达到买卖双方互利双赢。

在店铺互动活动中，卖家可以设置"翻牌子""打泡泡"和"关注店铺有礼"三种互动活动。卖家使用互动活动进行营销时，需要注意以下 3 点。

① 互动背景图可以上传店铺品牌 Logo，它会成为牌面和泡泡的背景图。

② 创建互动活动时，卖家可以添加多个奖励，其中，"翻牌子"奖励数量至少需要 2 个（包含是否空奖），最多需要 8 个；"打泡泡"奖励数量至少需要 2 个，最多需要 18 个。配置奖励的店铺优惠券最好是定向发放型优惠券。

③ 如果卖家设置的奖励是发放金币，则可以设定不同的金币面额，并且明确说明总的金币发放数量。

课堂实操：设置互动活动

在速卖通平台设置互动活动的具体操作方法如下。

（1）进入速卖通店铺后台，单击"营销"|"营销活动"|"店铺活动"|"互动活动"选项中的"创建"按钮，如图 5-25 所示。

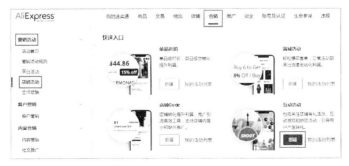

图 5-25　单击"创建"按钮

（2）进入店铺互动活动页面，单击"创建互动活动"按钮，如图 5-26 所示。

图 5-26　单击"创建互动活动"按钮

（3）进入创建互动活动页面，编辑活动基本信息，然后单击"提交"按钮，如图 5-27 所示。

图 5-27　编辑活动基本信息

 **直播营销**

在当前信息广泛传播的网络时代，静态的图文内容越来越难以让境外买家快速对跨境商品、卖家产生信任，而直播是以视频形式向买家传递信息的，其表现形式不仅更加立体化，还能让买家与卖家进行实时互动，这种形式更容易获得境外买家的信任。

5.3.1 直播内容表现形式的选择

随着直播行业的发展，直播内容表现形式越来越丰富，目前速卖通平台上比较常见的直播内容表现形式有以下四种。

1．商品分享式直播

商品分享式直播是指主播在直播间中向观众分享和推荐商品，或者由观众在直播间的评论区留言，告诉主播自己需要的商品，然后主播按照观众的需求为其推荐并讲解相应的商品，整个直播的内容就是主播讲解并展示商品。

2．开箱测评

开箱测评是指主播拆箱并介绍箱子里面的商品。在直播中，主播要客观、诚实地介绍开箱商品的功能、特点、使用感受等，以便让观众对商品形成客观认知，从而达到推广商品的目的。

3．原产地直播

原产地直播是指主播在商品的原产地、生产商品的车间等场地进行直播，向观众展示商品真实的成长或生产环境、生产过程等场景，从而吸引观众购买。

4．分享知识式直播

分享知识式直播是指主播在直播中分享一些有价值的知识或技巧，如穿搭技巧、化妆技巧、珠宝鉴赏技巧、运动健身技巧等，同时在分享知识或技巧的过程中推广一些商品。这样不仅能让观众通过观看直播学习到某些知识或技能，也能让观众感受到主播的专业性，提高观众对主播所推荐商品的信任度。

销售不同品类商品的卖家可以根据商品的特点选择直播内容表现形式，如表5-5所示。

表5-5　选择直播内容表现形式的策略

商品品类	直播内容表现形式
服饰类商品	分享知识式直播（讲解穿搭技巧）、原产地直播（展示服饰制作过程）等
珠宝类商品	分享知识式直播（讲解珠宝鉴赏技巧）
鞋类商品	分享知识式直播（讲解穿搭技巧）、原产地直播（展示鞋的制作过程）等
箱包类商品	分享知识式直播（讲解箱包保养技巧）、原产地直播（展示箱包的制作过程）等
美妆类商品	分享知识式直播（讲解化妆技巧）
电子类商品	开箱测评

5.3.2 直播封面的设计

直播封面是直播给人的第一印象，一个优质的封面能给直播间带来更多的流量，直播封面转化率高的直播间可以在平台获得更多的曝光机会。卖家设计的直播封面要符合以下基本要求。

① 图片清晰，画面完整，与直播内容相关。

② 封面图上除了有文字，还要有人或商品。

③ 主体内容要占据封面图80%的面积，并且不能过多、过于分散。在主体内容的周围要保留安全区域，避免图片因为适配不同手机型号被裁剪而出现显示不全的情况。

④ 每场直播必须上传三张不同尺寸的封面图，分别为方形封面图（尺寸 800 像素×800像素）、横版封面图（尺寸 800 像素×450 像素）、竖版封面图（尺寸 450 像素×800 像素）。

卖家在设计直播封面时可以采用图 5-28、图 5-29 所示的形式。

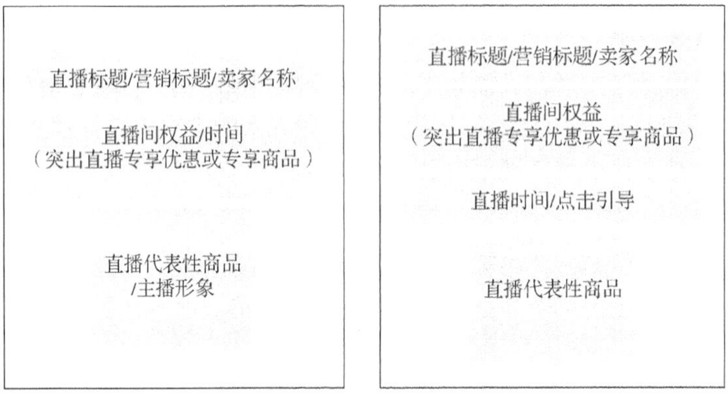

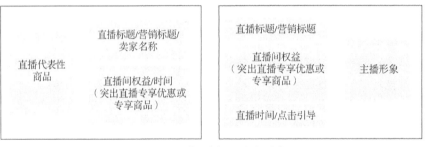

图 5-28　竖版封面图参考形式

图 5-29　横版封面图参考形式

5.3.3　直播标题的设计

直播标题最大的作用就是吸引观众点击并进入直播间，一个优质的直播标题应该能够准确地定位直播内容，并能引起观众观看直播的兴趣。卖家在构思直播标题时可以采用表 5-6 所示的思路。

表5-6　构思直播标题的思路

步骤		具体说明
第一步	分析商品特点	与竞品相比，自己的商品有较大的优势，或者有较多差异化的卖点，卖家可以在标题中重点突出直播商品的卖点、优势；如果与竞品相比，自己的商品没有明显的优势或卖点，则卖家可以在直播标题中以激发观众的需求为主
第二步	分析观众特点	分析观众的特点，如热爱运动、喜欢穿搭、肌肤敏感等
第三步	分析观众的需求	根据观众的特点分析其会存在哪些需求，例如，进行户外运动时不被晒伤、掌握最新的流行趋势、皮肤不会过敏等
第四步	提炼卖点关键词	提炼出能够突出商品卖点的关键词，如"高倍防晒""当下流行""不含致敏成分"等，并将这些关键词放在直播标题中

在写作直播标题时，卖家可以采用表 5-7 所示的方法。

表 5-7　写作直播标题的方法

写作方法	具体说明	示例
通知观众	让直播标题看起来像一条发给观众的通知	注意啦！在直播间 20 美元就能买到性价比超高的蓝牙耳机！
圈定观众	在直播标题中明确指明某类观众，让他们觉得"这说的就是我啊"	手机爱好者都在这里购买手机
激发好奇	制造悬念，激发观众的好奇心	满足 3 个条件，你就能享受 7 折优惠
制造稀缺	通过限制时间、限制人群等方式为观众制造稀缺感，刺激观众点击直播间	直播间 8 折优惠，仅限前 100 单！
逆向表达	运用逆向思维，从不同的角度看事物，进行逆向表达，从而吸引观众的注意力	别点，点就省钱
戳中痛点	以观众在生活中的烦恼为核心，将商品与解决烦恼的方式联系在一起，并将其巧妙地融入直播标题中	喝水不沾杯的唇釉

5.3.4　直播间布景

直播间布景直接影响观众的观看体验，美观的直播间布景不仅能增强直播的视觉效果，让观众觉得赏心悦目，还能给观众带来更具沉浸感的观看体验，刺激观众产生购买欲。卖家在进行直播间布景时需要注意以下事项。

1. 直播间背景的设置

直播间背景的设置要遵循简洁明了的原则，直播间背景不能抢主播和商品的风头。一般来说，直播间背景宜选用灰色、米色、棕色等浅色或纯色的颜色。卖家可以在直播间背景中添加店铺或主播的名字，或者品牌标志（Logo），这样有利于提高直播间的辨识度。

卖家也可以在直播间里适当地摆放一些诸如沙发、绿色植物、毛绒玩具等摆件，以丰富直播间内的元素。卖家在选择摆件时也要遵循简洁明了的原则，所选择的摆件要与直播间背景的风格相契合。

2. 直播间商品陈列

卖家可以将商品陈列架、商品样品组成陈列区作为直播背景，以突出专业性。商品陈列架、商品样品的摆放要整齐，如果卖家无法将这些物品摆放整齐，最好不要让这些物品出现在直播画面中。

5.3.5　直播姿势的选择

一般来说，主播常见的直播姿势是站立直播和坐着直播，在具体实践中，主播可以根据直播商品的特点选择直播姿势。例如，在讲解服装、鞋帽等商品时，主播需要向观众展示商品的上身效果，最好选择站立直播的姿势。

在讲解美妆类商品时，主播通常是在脸上、手上、胳膊上使用商品并向观众展示使用效果，此时可以选择坐着直播的姿势。

在讲解冰箱、洗衣机、办公桌等体积较大的商品时，主播最好选择站立直播的姿势；同时，主播可以在直播过程中通过移动直播设备、直播镜头的方式来全方位地向观众展示商品，

即商品保持不动，主播可以不断走动（主播可以不出镜）并移动直播镜头，灵活地用特写镜头为观众展现商品的设计细节，用全景镜头展现商品的使用效果。

在讲解食品类商品时，对于不需要加工食用的食品，主播可以选择坐着直播的姿势；对于需要加工才能食用的食品，主播可以选择站立直播的姿势，一边加工食品，一边讲解食品的特点，以更好地刺激观众的食欲。

素养提升

创新是第一动力，跨境电商卖家要紧跟时代步伐，顺应实践发展，不断拓展认识的广度和深度，敢于说前人没有说过的话，敢于做前人没有做过的事情，以新的理论指导新的实践，不断提出真正解决问题的新理念、新思路、新办法。

5.4 内容营销

相较于硬广告，注重内容营销的软广告更容易获得买家的青睐。速卖通平台为卖家提供了开展内容营销的渠道——Feed 频道。在 Feed 频道，卖家可以通过发布图文类内容、视频类内容、买家秀等实现内容种草，增加品牌、店铺和商品曝光，并为店铺积累粉丝。

5.4.1 Feed 频道内容创作要求

卖家在 Feed 频道发布的图文、视频类内容要符合速卖通平台的要求，具体如表 5-8 所示。

表 5-8 Feed 频道内容创作要求

内容类型	具体要求
图文类内容	① 图片比例：1∶1 至 3∶4； ② 图片文件大小：小于 5MB； ③ 图片格式：JPG、JPEG、PNG； ④ 图片数量：不得超过 5 张； ⑤ 图片效果：画质清晰，背景干净整洁，无水印（包括拍摄工具 Logo 等）、无二维码、无商家 Logo、无"牛皮癣"、无中文、无影响观看体验的黑边、无外网链接，文字描述清晰； ⑥ 原创：图片必须实拍或获得授权
视频类内容	① 视频文件大小：不得超过 120MB； ② 视频画面比例：9∶16； ③ 视频文件格式：MOV、MP4； ④ 视频分辨率：720P 以上； ⑤ 视频长度：5～60 秒； ⑥ 视频画面效果：画质清晰，主体明显，主题明确；无水印（包括拍摄工具 Logo 等）、无二维码、无片头片尾、无商家 Logo、无"牛皮癣"、无中文、无影响观看体验的黑边； ⑦ 原创要求：视频必须实拍或获得授权

5.4.2 Feed 频道内容创作技巧

在 Feed 中，卖家可以发布自己创作的帖子，也可以转发买家秀。卖家要想做好 Feed 内容营销，需要讲究一定的技巧，否则很容易事倍功半，花费了时间和精力，却没有取得良好的营销效果。

1. 创作帖子的技巧

卖家可以发布图片帖、视频帖，在创作帖子时可以采用以下技巧。

（1）帖子内容有用、有意思、有福利

有用是指帖子的内容让买家看后觉得自己在某种场合能用得上。

有意思是指帖子的内容让买家感到有趣，可以是商品本身有意思，也可以是帖子的内容表达方式有意思，有意思的内容更容易触动买家的感性情绪，激发买家产生点赞、评论等互动行为，甚至产生购买行为。

有福利是指帖子的内容能让买家享受一定的福利，大多数买家都喜欢购买物美价廉的商品，卖家适时发布一些能让买家获得优惠的帖子，有利于快速增加粉丝数量，引起买家互动。

（2）把握不同类型帖子的创作要点

速卖通平台上比较受欢迎的帖子有场景展示帖、教程帖、测评帖、互动有礼帖等，这些类型帖子的创作要点如表5-9所示。

表5-9　不同类型帖子的创作要点

类型	创作要点
场景展示帖	① 在真实场景中，由真人展示商品的卖点，展示方式要有趣； ② 帖子中所展示的商品卖点要能满足买家的某种需求，可以是商品的外观、质量、使用方法等； ③ 可以进行多场景展示，体现商品多样化的用途
教程帖	① 真人出镜，讲解商品的使用方法、使用效果； ② 分享与商品相关的教程，例如，销售平底锅的卖家可以分享使用平底锅制作美食的教程；销售服装的卖家可以分享职场穿搭技巧等； ③ 由真人进行讲解、分享，且使用目标国家及地区的语言进行讲解、分享
测评帖	① 真人出镜进行测评分享，测评要突出专业性，且能客观、真实地体现商品的卖点； ② 使用目标国家及地区的语言进行讲解
互动有礼帖	① 通过各类互动活动吸引买家，例如，让买家从多件商品中选择最喜欢的型号、颜色，买家关注店铺或点赞、评论就有机会获得免单机会； ② 互动活动要体现出卖家的诚意，卖家要在文案中写清楚活动规则； ③ 卖家要讲究诚信，发布互动有礼帖后，还要按照规则给买家兑奖

（3）视频类帖子要节奏紧凑、封面精致、文案简洁

对于视频类帖子，卖家在创作时要把握以下要点。

① 节奏紧凑：视频的节奏要紧凑，减少无效铺垫，最好开门见山，将优质内容放在视频前5秒，快速吸引买家的注意力。

在不影响买家理解视频内容的前提下，卖家可以适当将视频的播放速度调快，并为视频添加合适的卡点音乐、动效，以提高买家的观看体验。

② 封面精致：视频的封面要醒目、画面清晰、主体明确，具有吸引力。卖家可以在封面上添加文字标题或特殊符号、贴纸等，添加的文字要醒目、简洁，能突出视频的内容要点；同时最好选择背景颜色较浅、明亮的图片作为封面。优质的帖子封面如图5-30所示。

③ 文案简洁：介绍视频内容的文案要简洁、突出重点，卖家在文案中要重点突出商品的核心卖点、优惠内容。对于互动有礼类帖子，卖家可以为视频添加长文案，以详细介绍互动有礼的规则。

图 5-30　优质的帖子封面

2. 选择买家秀的技巧

优质的买家秀更容易让卖家的商品获得其他买家的信任，卖家要想让买家秀充分发挥作用，最好选择具有以下特点的买家秀进行转发。

① 买家秀中的图片要清晰、美观，能给人带来美好的阅读体验。

② 买家秀的文字表达要简洁、有价值，买家可以在买家秀中详细地展示商品的功能、特性、细节、商品在具体场景中的使用效果、快递时效等，能让其他买家从中获得有价值的信息。

例如，某个销售服装的卖家转发了一条买家秀，在该条买家秀中，买家使用不同姿势的多张图片展示了服装的上身效果，图片清晰、美观；在文字介绍中，该买家详细地介绍了快递的时效性、服装与身材的匹配度、服装的材质、服装的设计细节等，这些内容都非常容易吸引其他买家关注并点击。

课堂实操：发帖与转发买家秀

卖家在速卖通平台进行内容营销，主动发帖与转发买家秀的具体操作方法如下。

（1）进入速卖通店铺后台，单击"营销"|"内容营销"选项，如图 5-31 所示。

图 5-31　单击"内容营销"选项

（2）进入内容营销页面，单击"发图片帖/短视频帖"选项，如图5-32所示。

图5-32　单击"发图片帖/短视频帖"选项

（3）进入新建帖子页面，为帖子添加图片/视频和正文描述，如图5-33所示。

图5-33　添加图片/视频和正文描述

（4）为帖子添加优惠券，设置定时发布时间，所有内容设置完成后单击"发布"按钮，如图5-34所示。

图5-34　添加优惠券并设置定时发布时间

（5）返回内容营销首页，单击"转发买家秀"选项，如图5-35所示。

图 5-35 单击"转发买家秀"选项

（6）通过商品ID搜索想要转发的买家秀，单击买家秀右侧的"转发"按钮，如图5-36所示。

图 5-36 单击"转发"按钮

（7）进入帖子发布页面，买家发布的评价内容不可编辑，卖家可以从买家秀中选择一张图片作为封面，然后设置定时发布时间，单击"发布"按钮，如图5-37所示。

图 5-37 设置封面和定时发布时间

5.5　平台活动推广

平台活动是指由平台组织、卖家参与的主题营销活动，是一个帮助卖家提高商品曝光度和商品点击率以及快速出单的有效渠道。对于卖家来说，参加速卖通平台活动是非常必要的。

5.5.1　平台活动报名流程

每一期的平台活动招商中，卖家都可以在速卖通店铺后台的"营销"板块下的"平台活动"栏目中找到报名入口。平台活动报名的基本流程如图 5-38 所示。

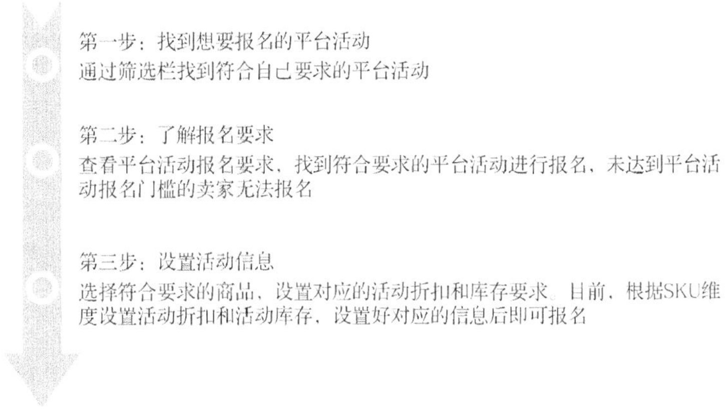

第一步：找到想要报名的平台活动
通过筛选栏找到符合自己要求的平台活动

第二步：了解报名要求
查看平台活动报名要求，找到符合要求的平台活动进行报名，未达到平台活动报名门槛的卖家无法报名

第三步：设置活动信息
选择符合要求的商品，设置对应的活动折扣和库存要求。目前，根据SKU维度设置活动折扣和活动库存，设置好对应的信息后即可报名

图 5-38　平台活动报名的基本流程

5.5.2　做好平台大促计划的技巧

对于卖家来说，平台大促是一个绝佳的销售机会。卖家要想抓住平台大促机会，让店铺营业额实现高速增长，就需要做好以下几个方面的工作。

（1）清楚活动要求

不同的活动，参加的条件会略有不同。卖家可以登录平台活动报名的详情页面来查看对应的活动要求，如渠道要求、价格门槛、支付时限、商品销售量及图片要求等。

（2）确定活动审核时间

清楚活动审核时间，在审核时间截止之前完成报名。建议在招商开始时间一个星期内完成报名，以方便平台工作人员进行审核。

（3）做好商品优化

商品图片要清晰、美观，商品详情页的描述要详细。

👤素养提升

　　万事万物是相互联系、相互依存的。只有用普遍联系的、全面系统的、发展变化的观点观察事物，才能把握事物发展规律。在实施营销推广活动的过程中，卖家要坚持系统观念，不断提高战略思维能力，能够进行前瞻性思考和全局性谋划，从而制定出全局性的营销方案。

📖 课后习题

1. 卖家应如何选择站内推广工具？
2. 卖家在创作内容营销的帖子时应该使用哪些技巧？
3. 如何做好速卖通平台的大促计划？

📖 课后实训：设置站内营销

1. **实训目标**：掌握速卖通平台站内营销的类型和策略，会创建站内推广计划和店铺自主营销活动，能发布内容营销的帖子和转发买家秀，进行营销推广。

2. **实训内容**：创建站内推广计划和店铺自主营销活动，发布内容营销的帖子和转发买家秀。

3. **实训步骤**

（1）做好站内营销前的准备

在实施站内营销之前要做好准备，包括了解站内营销工具的类型，确定要使用的站内营销工具，了解选定的站内营销工具的使用规则，确定要推广的商品，准备好推广商品的详情页、创意图。

（2）实施站内营销推广

创建站内推广计划和店铺自主营销活动，发布内容营销帖子和转发买家秀，在此过程中要讲究一定的策略，尽量提高站内营销推广的效果。

（3）调整或优化营销计划和营销活动

及时关注站内营销的数据和效果，并根据数据调整或优化站内营销计划，以提高营销效果。

4. **实训总结**

学生自我总结	
教师总结	

第6章 站外营销：借助站外流量挖掘商机

> ➤ 掌握做好 Facebook 营销的技巧。
> ➤ 掌握做好 Twitter 营销的技巧。
> ➤ 掌握做好 YouTube 营销的技巧。
> ➤ 掌握做好电子邮件营销的技巧。
> ➤ 坚守中华传统文化，努力增强中华文明传播力和影响力。
> ➤ 坚定文化自信，构建民族文化价值观，建设文化强国。
> ➤ 强化网络文明意识，提升网络文明素养。

在速卖通店铺运营的过程中，优质的商品是保证销量的基础，但在跨境电商爆发式发展的今天，仅有优质的商品是远远不够的，卖家需要不断地引流，提高商品和店铺的曝光量与知名度，进而扩大销量，创建品牌。借助站外营销工具引流进而提高转化率正是速卖通卖家生存的必备营销手段之一。

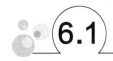 Facebook 营销

Facebook 作为全球最大的社交网络之一，拥有几十亿的用户量。Facebook 平台上有众多潜在买家，已经成为跨境电商卖家获取站外流量不可或缺的营销平台。

6.1.1 积累粉丝的策略

Facebook 是全球流行的社交网站，跨境电商卖家在 Facebook 上做推广营销，除了要为访问者、粉丝提供优质的服务外，还要与访问者建立紧密、牢固的联系，下面分享几个获得粉丝的技巧。

1．创建"可亲"的页面

要想让别人喜欢自己，首先要让自己看起来比较"可亲"，一个杂乱无章的页面很可能会令访问者反感。要想让自己的 Facebook 账号给访问者留下好印象，就要从这几个方面进行完善：优质的商品服务，更新及时的商品信息，内容优质的帖子，与粉丝之间的活跃互动等。

2．要感谢忠诚客户

如果你的商品品牌在市场上已经有了一定的影响力，积累了一定的客户群，并且刚刚建立了自己的 Facebook 页面，此时可以鼓励自己的忠诚客户在 Facebook 中支持自己。要知道，一个忠诚客户的宣传就是最好的广告，而且能吸引更多的访问者为你打上"like"的标签。对于支持自己的忠诚客户，卖家可以用一些自设的徽章或标签对其表示感谢，或者在他们购买商品时给他们一定的优惠。

3．不要过度推广商品，遵守"80/20 法则"

在 Facebook 中推广商品应该遵守"80/20 法则"，要避免过度推广。要确保 Facebook 中有 20%的内容属于"硬推销"，而剩下 80%是有趣的、对访问者有价值的文章和其他非推销的内容。如果你每周发五条内容，那么其中一条应该是和自己商品强相关的内容，另外四条应该是有价值或有趣的内容。

4．利用现有的社会化网络

除了 Facebook 外，其他站外引流还可以借助 Pinterest、YouTube、Slideshare、Twitter、Lifehacker 等网站，这些网站都可以用来展示自己的商品。这些网站也可以形成一个推广营销网络，如果卖家在其他网站（如 Twitter）上已经形成了一个颇具规模的业务圈子，可以利用它来推广自己的 Facebook 页面，这样就能同时在两个社交平台上宣传自己的商品，让自己的商品吸引更多访问者的关注。

5．整合 Facebook 的社交插件

利用多个社交网站展开社会化营销推广是一种有效的推广方式，但跨境电商卖家在利用社会化媒体营销的过程中，需要有一个网络枢纽将所有的社会化媒体活动连接起来，以便更好地控制推广内容和品牌管理。

在 Facebook 网站中，可以添加 Facebook 的社交插件，如 Like Box、Like Button 和 Comment Stream，以此来提高各个社交平台之间的联系。随着 Facebook 页面访问量的提高，你的

Facebook 页面也会更频繁地出现在粉丝及其朋友的"推送"中，让更多的访问者看到，进而提高页面的访问量。

6．利用论坛签名与合作网站

如果你在论坛中表现活跃，或者有合作的网站，就可以在论坛或合作网站的签名档中添加你的 Facebook 页面的链接。需要注意的是，在链接组中一定要经常发表一些实用的文章，只要你的参与获得了认可，就会有更多机会让别人看到你和你的商品。

7．主动向朋友寻求帮助

跨境电商卖家刚刚建立 Facebook 页面时，可能很少有互动，所以在初期可以主动向自己的朋友发送互动信息，让他们参与一些话题讨论，以调动气氛，但要保证让他们讨论的话题足够有趣。

8．参与高人气的 Facebook 页面

借助 Facebook Directory 和 Facebook Search 搜索与自己商品相关的 Facebook 页面，或者搜索一些与自己业务相关的讨论，同时向这些 Facebook 页面提供一些有价值的信息，并与它们的管理员和会员建立一种信任关系，然后让他们访问你的 Facebook 页面。

9．联合其他 Facebook 页面管理员组织社交活动

与其他 Facebook 页面管理员联合，共同开展一些能让双方粉丝都获利的社交活动，这样既能加深彼此之间的了解，还能达到宣传推广的效果。在组织活动前，要进行适当的规划，以保证让每个人的目标都能实现。

6.1.2　提高帖文互动量

现在很多外贸企业已经将 Facebook 作为进入境外市场的重要途径，但大部分企业并没有真正掌握运营 Facebook 的技巧。一味地模仿其他拥有大品牌的企业的做法，往往很难达到理想的效果。

下面分享一些 Facebook 内容运营的技巧，帮助卖家提升 Facebook 主页帖文的互动量。

1．选择最佳的帖文形式

在 Facebook 主页上发布帖文的方式多种多样，如提出问题、发布链接、发布图片、免费赠送礼物、发布视频、发布折价券或折扣优惠等。

据统计，以提出问题和发布图片的形式发布帖文会比以发布视频和发布链接等其他方式发布帖文更能吸引读者的关注，会获得更多的互动。

2．使用 Instagram 发布图文并茂的帖文

Instagram（照片墙）是一款运行在移动端上的社交应用，它可以让用户以一种快速、美妙和有趣的方式将自己随时抓拍的图片分享给朋友。如果你的营销策略是以图片为主吸引访问者的关注，那么 Instagram 绝对是一款"利器"，你使用它能在 Facebook 上发布图文并茂的精美帖文，进而获得更多的关注和互动。

3．内容富有创意

如果企业一味地在 Facebook 上介绍商品，如商品的功能、价格与商品特色等，很容易引起粉丝的反感。粉丝更喜欢富有创意的内容，因此卖家在发布信息时最好设计有趣的创意，

这样才能获得更多粉丝对内容的关注。

4．激发粉丝互动

要想增加社交媒体的互动性，卖家可以在 Facebook 主页上主动发起一些活动，激发粉丝参与，如邀请粉丝参与投票等。通常情况下，内容新颖、能够调动粉丝热情的帖文更容易成为热帖。

5．善用留白

在这里，所谓的留白就是提出一个问题，然后留一个空白让粉丝回应。如果问题问得比较好，就能引起粉丝的热情回应，然后卖家进行及时的回复与互动，也能调动粉丝的热情，增加贴文的热度。

6．选择发布帖文的最佳时间

卖家在 Facebook 上发布帖文都希望获得最大的互动量。据调查，周六、周日用户在 Facebook 上的互动要比周一至周五的互动多很多，这是因为用户在假日往往会有更多的时间使用 Facebook，同时 Facebook 营销人员也很少在周末推送帖文，帖文的竞争相对较小。因此，卖家可以选择在周末发送自己的帖文，这样有利于获得更多的互动。

此外，卖家还要注意发布帖文的时间段，要了解自己的目标受众分布的时区及每个时区的差别。在不了解目标受众的 Facebook 浏览高峰时间的情况下，卖家可以在不同时间段发帖进行测试，最后总结出互动量最高的时间段，并在该时间段发布帖文。

6.1.3　Facebook 广告引流

Facebook 已经成为跨境电商卖家最大的流量来源之一。Facebook 广告能够帮助卖家吸引更多的访客，对提升销量有很大的作用。但是，越来越多的卖家开始在 Facebook 上投放付费广告，同时 Facebook 算法也在不断调整，同行之间的竞争不断加剧，所以卖家在投放 Facebook 广告时需要讲究技巧，让广告的每一分支出都发挥最大的效用，以提高商品转化率。

1．广告投放的逻辑

在投放 Facebook 广告之前，首先要对广告投放进行宏观布局，这样在具体操作过程中才能做到有的放矢，让广告投放效果更好。

（1）明确投放广告的目标

投放 Facebook 广告的第一步就是明确投放广告的目标，问问自己希望通过投放广告实现什么目的，是建立品牌知名度还是吸引流量。确定好目标之后，投放广告时就以这个目标为指导投放广告。

① 建立品牌知名度。如果投放广告是为了向更多的人推广自己的品牌，那么在广告投放中，可以专注于向用户讲述自己的品牌故事，如介绍品牌建立的初衷、介绍自己的品牌文化等。

② 吸引流量。卖家如果想通过投放广告吸引用户到自己的店铺内消费，就需要给他们提供一个进店的理由，如新品上架、减价促销、季节性活动、换季清仓等都是不错的理由。

（2）了解目标受众

卖家投放的广告要直接切中目标受众的需求，或消除妨碍受众成为自己客户的障碍，这样才能真正发挥广告的作用。让受众通过广告知道自己的商品或服务具有什么功效，能够满足他们的哪些需求。针对不同的受众，卖家应该使用不同的广告创意，从而准确抓住不同受众群的不同需求。

　　例如，对于一个销售精品女装的店铺来说，它的目标受众有全职宝妈和职场女性，她们对服装的需求各不相同：全职宝妈喜欢舒适、时尚、耐脏且方便活动的服装，而职场女性需要紧跟潮流，既适合职场又适合休闲场合的服装。因此，卖家应该为自己的两类受众群体分别量身制作不同的广告创意，以更加有效地吸引具有不同需求的受众群的关注。

　　（3）确立风格统一的广告主题

　　卖家在明确自己想要向受众传达的信息之后，可以考虑建立一个风格统一的广告主题或概念，将所有的广告串联起来，使它们形成一个广告系列，这样有利于卖家以一种独特的视角向受众宣传自己的品牌理念或展示自己品牌的独特之处。

2．选择合适的广告形式

　　Facebook 的广告形式丰富多样，按不同维度可以分为多种类型。例如，按投放位置划分，可以分为信息流广告、侧边栏广告；按广告的表现形式划分，可以分为图片广告、单一视频广告、轮播广告、幻灯片广告、全屏广告和精品栏广告。

　　（1）图片广告

　　图片广告是指卖家用一张图片来宣传商品、服务或品牌，图片中可以添加适当的文案和明确的用来号召用户点击的按钮，如图 6-1 所示。图片广告中的图片应为 JPG 或 PNG 格式，图片中的文本内容最好不要超过图片面积的 20%。

　　（2）单一视频广告

　　与单一图片广告类似，单一视频广告能让用户展示单个视频。视频广告最长可达 60 分钟，文件最大为 2.3GB，最小分辨率为 720 像素，视频缩略图中的文字比例不得超过 20%。根据经验，投放 Facebook 视频广告时，最好将广告时长控制在 3 分钟左右，广告时长为 1 分钟的效果更好。如果能在前 15 秒迅速抓住观者的眼球，将精华的内容部分呈现在观者眼前是最好的。

　　（3）轮播广告

　　轮播广告允许读者在阅读时滚动浏览两个或多个不同的图片或视频，所以卖家可以在轮播广告中添加更多的创意内容。

　　借助轮播广告，卖家可以在一个广告单元中展示多个商品，展示不同的商品角度，或展示商品的多个细节，从而向观者提供所需的信息，如图 6-2 所示。卖家也可以利用轮播广告讲述一个故事。

图 6-1　单张图片广告　　　　　　图 6-2　轮播广告

轮播广告要求图片形状必须为正方形，推荐的大小为 1080px×1080px、600px×600px 或 800px×800px，广告中文本内容的比例不得超过 20%。

（4）幻灯片广告

与轮播广告类似，幻灯片广告可以让读者循环浏览多个视频和图片。不同的是，幻灯片广告可以自动滚动，无须读者操作。每张幻灯片广告最多可以添加 10 个视频或图片。

（5）全屏广告

全屏广告指的是"图片+视频+按钮+文本块+商品系列"的组合形式。全屏广告最大的特点就是广告可以全屏展现，能给读者带来更好的视觉效果。

需要注意的是，全屏广告仅支持在 Facebook 移动端使用，且一个广告至少需要使用两张轮播图片或两个轮播视频。此外，广告时长建议控制在 15 秒以内。

（6）精品栏广告

精品栏广告通常会显示一张图片、一个视频或一张幻灯片，同时图片或视频的下方还可以显示图片、视频或幻灯片中的商品详情链接，如图 6-3 所示。简单来说，精品栏广告就是"图片/视频/幻灯片+商品目录"的组合形式。

图 6-3 精品栏广告

精品栏广告的图片尺寸要求为 1200px×628px，宽高比为 1.9∶1；推荐视频宽高比为 16∶9 或 1∶1。

3．广告图片的获得与选择

卖家通过投放 Facebook 广告可以向观者展示自己的商品和店铺，而在 Facebook 广告中，图片是必不可少的元素。图片会说话，一张精彩的图片往往能传达文字无法传达的信息。

（1）广告图片的获取方式

在向观者展示图片之前，首先需要准备图片素材，卖家可以采取以下几种方式获得图片素材。

① 使用库存图片。Facebook 为卖家提供了图库，图库中的图片都已经获得了商用许可，并且可以用于所有 Facebook 广告格式，所以卖家在投放 Facebook 广告时可以从该图库中挑选与自己商品相关的图片，且不用支付费用。

② 聘请专业摄影师拍摄照片。为了彰显专业性，卖家可以聘请专业摄影师拍摄照片，

以获得高质量的广告图片。当然，在聘请专业摄影师拍摄照片时，应尽量让拍摄的照片与自己商品相关。

③ 自己拍摄照片。如果没有聘请专业摄影师拍摄照片的预算，也不想使用不能很好地彰显自己商品特色的库存图片，卖家可以尝试自己拍照。在拍摄照片时，卖家要注意拍摄角度和光线，可以尝试使用滤镜或图片处理软件对照片进行合理的美化。

（2）提高图片的创意性

要想让自己的图片在众多广告中脱颖而出，卖家首先要保证图片的高质量和创意性，这样才能更好地吸引观者驻足观看。卖家可以借鉴以下技巧，以提高图片的创意性。

① 保证图片单一焦点。确保每张图片仅向观者展示一个主题，如果想用图片展示多个主题，卖家可以使用轮播广告或视频广告。

② 确保图片视觉效果的一致性。卖家要确保同一个广告系列下的所有图片在视觉效果上保持一致，这样才能让观者更容易识别出卖家的广告，进而停下来查看卖家要传达的其他信息。

③ 将品牌融入图片中。要与观者建立联系，让他们记住你的广告，卖家可以为广告图片打上品牌烙印。但是，并不建议卖家将品牌 Logo 直接粘贴在广告图片上，而是巧妙地将品牌元素，如 Logo、店铺网址等融入图片中，这样显得更自然、更真实。图 6-4 所示为 Sona Med Spa 制作的广告图片，它以一名女性为前景，以贴有品牌 Logo 的水疗中心墙壁为背景，精心又巧妙地将品牌元素融入广告图片中。

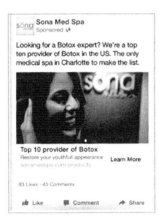

图 6-4　将品牌 Logo 融入图片中

（3）挑选广告图片的原则

在 Facebook 上投放广告，制作并挑选合适、精彩的广告图片，对营销效果有着至关重要的影响。在挑选图片时，卖家需要注意以下两点。

① 根据目标受众选择图片。在挑选图片时，要对广告目标受众的特点进行分析，如按照性别、年龄或其他人口统计特征对目标受众进行定位，尽量选择那些能引起目标受众共鸣的图片。

② 对图片进行效果测试。在挑选图片时，首先对获取的图片进行效果测试，从中找到效果最佳的图片，再将其大范围地用于广告中。

4．Facebook 广告文案的撰写

在 Facebook 广告中，如果说图片是第一重要元素，那么文案就是第二重要元素。广告文案不仅要能引起观者的兴趣，还要能说服他们采取行动，如购买商品等。

在撰写 Facebook 广告文案时，卖家可以采用以下方法。

（1）重点突出

带有误导性或容易让人感到困惑的广告文案会让观者减少点击文案的数量，因为读者翻阅 Facebook 的速度很快，几乎没有人会花时间去思考你想要传达什么信息以及你的商品是什么么。越简单、越熟悉的信息，越能快速地被人注意与识别。因此，广告文案要言简意赅，让人一眼就能看明白你想要表达的意思。

有时直截了当地说出商品的卖点是让观者注意到广告最有效的方法。图 6-5 所示即直接展示商品信息，让观者不加思考就能明确理解广告的信息。

（2）直击"好处"，忽略"特色"

很多人喜欢在 Facebook 广告文案中描述所推广商品的"特色"，却忽略了商品能够带给观者怎样的"好处"。从观者的角度来说，他们往往更加看重商品为自己带来的"好处"，而不是商品本身的功能和作用。因此，广告文案要站在观者的角度，从观者的需求进行构思，尽量突出商品能给观者带来哪些"好处"。

（3）使用疑问句，激发好奇心

一个很好的问题能够激发观者的好奇心，并且能够很好地抓住其注意力，吸引他们探寻相应的答案。但要做到这一点，提出的问题必须能够触及观者的关注点。图 6-6 所示为某个销售汽车的商家以使用疑问句的形式发布的广告文案。

（4）使用命令句式

使用命令句式是告诉观者应该怎么做，具有较为强烈的行动要求。在确定文案内容之前，卖家首先要明确自己希望观者做出怎样的反应，如联系我们、要求点击、立即索取、参加活动、观看影片等。使用这种广告文案要求卖家的提议有足够的说服力、定位要足够清楚，否则将会徒劳无功。

（5）让客户替你做广告

将曾经购买过商品的客户对商品的评价作为广告文案，往往更能增加广告的说服力，这是因为购买过商品的客户所说的话在潜在客户心中往往更具影响力和可信度，如图 6-7 所示。

图 6-5　直接展示商品信息

图 6-6　文案中使用疑问句

图 6-7　将客户感受作为文案

卖家在实施营销宣传活动时，要坚守中国文化立场，提炼展示中华文明的精神标志和文化精髓，讲好中国故事、传播好中国声音，展现可信、可爱、可敬的中国形象。深化文明交流互鉴，推动中国文化更好地走向世界。

6.2　Twitter 营销

Twitter 是全球互联网上访问量最大的网站之一，也是一个对境外营销推广有着很大影响力的社交媒体平台。对于众多跨境电商卖家来说，Twitter 是一个值得重视的传播平台，也是中国卖家进军国际市场的重要平台。

6.2.1　选择正确的广告形式

Twitter 为卖家提供了三种广告形式：推荐推文、推荐账号和推荐趋势。每种广告形式具有不同的优势，卖家可以根据自己的营销目标选择最适合自己的广告形式。

1. 推荐推文

推荐推文就是卖家在 Twitter 上购买普通推文，这个推文会被标上"推荐"标志，此推文可以被转发、回复、点赞等。推荐推文的作用是能让购买推文的卖家接触到更广泛的受众群体，或者引发现有关注者更多地参与。

如果卖家想宣传店铺的某个推广活动，可以选择使用推荐推文。卖家可以通过吸引观者点击推文来增加自己店铺内的流量，也可以在推文中提供优惠券来吸引观者访问店铺，以提高店铺转化率。

2. 推荐账号

推荐账号就是将某个账号推荐给尚未关注该账号的用户。卖家使用推荐账号可以有效地提高账号的粉丝增长率，只有让更多的粉丝关注自己的 Twitter 账号，才有可能向他们深入地宣传自己的商品；当在 Twitter 上发布有价值的内容时，才能让更多的粉丝通过转发和分享来扩大自己品牌的覆盖范围。一般情况下，推荐账号会显示在 Twitter 平台上的主页时间线、关注谁和搜索结果等多个位置。

3. 推荐趋势

Twitter 上的热门话题往往是社交网络上很受关注的话题，有着非常高的点击率。使用推荐趋势的卖家可以在 Twitter 上发布一个主题标签，并将其展示在页面的左侧，这样就可以让更多的观者看到该主题标签，从而提高自己店铺的曝光率。

6.2.2　发布高质量的推文

拥有大量的粉丝并不能意味着 Twitter 营销已经大获成功，这只是迈出第一步。卖家要想成功地推销与推广自己的品牌和店铺，就需要在 Twitter 上发布高质量的内容。下面介绍 8

个发布高质量推文的技巧。

1. 在推文中添加图片

所谓"一图抵千言"，图片、图形、图表往往更容易传递复杂的思想与创意，同时它们也比文字更容易让人记住。与没有图片的推文相比，配有图片的推文更容易引起观者的关注，所以卖家在发布推文时最好在文案中配上图片。

卖家可以选择上传单张商品图片，如图 6-8 所示；也可以使用多宫格的图片形式发布推文，如图 6-9 所示；还可以在图片中添加文字，用来宣传促销信息，如图 6-10 所示。

图 6-8　单张商品图片推文

图 6-9　多宫格图片推文

2. 使用"#"标签

如果卖家想让自己的 Twitter 获得更多的关注，可以使用"#"标签，这样有助于加强自己和粉丝的联系与互动。图 6-11 所示为某销售宠物用品的卖家使用"#CincoDeMayo"标签发布的推文。

图 6-10　带有促销信息的图片推文

图 6-11　使用"#"标签发布的推文

需要注意，"#"标签的使用次数是有讲究的，卖家不可为了获得粉丝关注而滥用"#"标签。每篇推文使用的"#"标签不要超过三个，且"#"标签与商品的联系越紧密越好。

3．减少推文中的链接数量

研究表明，不包含链接的推文更容易让粉丝产生互动，链接的精妙之处在于精而不在于多。卖家在发布推文时，要懂得合理地减少包含链接的推文数量，这样更有利于加强粉丝之间的互动。

4．添加号召性用语

每条推文经过多次转发能够不断地接触到全新的受众，所以卖家在推文中可以添加一些鼓励粉丝进行转发的词语，如"帮助""转发""请""跟随"等。

5．经常转发和点赞推文

卖家通过转发一些有趣的推文和浏览热门话题标签，可以更快地融入粉丝互动中。当卖家转发别人的推文或为别人的推文点赞时，对方就会知道你的转发或点赞行为，然后他可能会关注你，并通过间接的互动吸引更多的潜在粉丝。

当然，转发并不是简单地点击按钮或附上一个表情与几个文字就可以了，而是要讲究一定的技巧，这样才能利用他人的推文为自己谋取流量。

Twitter的"quote tweet"（引用推文）允许在转发推文时添加116个文字，卖家可以添加一些能体现自己思想或有价值的信息。最有效的做法就是在转发他人的推文时，从转发的推文中选取一些最具代表性和有价值的文字，这样更能激发粉丝的阅读兴趣。图6-12所示为某Twitter用户转发推文时选取的原推文中最具代表性的文字。

图6-12　引用原推文中最具代表性的文字

6．积极与粉丝进行互动

Twitter也是卖家为粉丝提供服务、与粉丝进行互动的工具。当粉丝在Twitter上提及卖家的商品或公司时，卖家要及时对此做出回应。

7．定期发布推文

要坚持定期发布推文，每天坚持发布2～3条推文，这样才能吸引观者的关注，避免被其遗忘。

8．提高推文的趣味性

Twitter的本质是社交，所以在Twitter上发布的推文可以具有一定的趣味性。

素养提升

中国文化积淀了中华民族最深沉的精神追求，我们要不断了解中国优秀传统文化的精华所在，并在营销推广中努力传播中国优秀传统文化，让文化走出去。

6.3 YouTube 营销

YouTube 是世界范围内的视频网站，全球拥有 10 亿活跃用户，其用户涵盖了全球主流的消费群体。YouTube 用户通过观看视频获得商品的操作方式、运行过程和效果展示，甚至可以从不同的角度观察所需的商品。YouTube 通过提供多角度的动态视频展示，满足了大部分用户需要通过实体商店或展会才可以获得的体验。目前，YouTube 营销已经成为跨境电商卖家必须掌握的营销手段之一。

6.3.1 做好 YouTube 营销的规划

所谓"谋定而后动"，卖家在开展 YouTube 营销之前，首先要制订一个全面的营销规划，提升 YouTube 营销的策略性，这样才能让后续的营销工作有条不紊。

1. 明确定位视频功能

对视频功能有明确的定位，有助于卖家有效地控制视频营销的成本，预测用户反馈，并估算视频营销推广的效果。

一般来说，在线视频的功能主要有四种，如图 6-13 所示。

影响买家的购买决策

建立买家的品牌意识　　在线视频　　提高线上或线下的商品销量

培养买家的品牌忠诚度

图 6-13　在线视频的功能

2. 精准定位目标用户

精准定位目标用户能让 YouTube 营销更有针对性，目标用户群体越细化，他们对于特定主题的视频所产生的反应可能会越强烈，YouTube 营销的效果也就越好。卖家需要做好以下三个方面的工作，如图 6-14 所示。

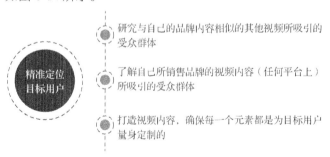

精准定位目标用户

研究与自己的品牌内容相似的其他视频所吸引的受众群体

了解自己所销售品牌的视频内容（任何平台上）所吸引的受众群体

打造视频内容，确保每一个元素都是为目标用户量身定制的

图 6-14　精准定位目标用户的方法

3. 了解目标用户使用 YouTube 的习惯

当确定了 YouTube 营销的目标用户群体之后，还要研究他们使用 YouTube 的习惯。例如，

目标用户群体喜欢观看哪种类型的视频，是否会在社交平台上分享视频，是否会用手机观看视频等。

卖家可以使用 Google 的 "YouTube Trends Dashboard" 工具研究与分析目标用户群体分享及观看视频的习惯。

4．分析竞争对手的 YouTube 营销情况

"知己知彼，百战不殆。"卖家可以花费一定的时间和精力来调查与研究主要竞争对手的 YouTube 营销情况，了解他们的状况和业绩，并从他们的成功中汲取经验，从他们的失败中总结教训，寻找新的机遇。

5．积极进行客观自评

卖家可以通过 YouTube 账户中的 YouTube Analytics 了解自己 YouTube 营销视频的点阅数、分享量、转化率等相关数据，掌握品牌与现有粉丝的互动效果，及时评估自己在 YouTube 上的表现。

6.3.2　推送 YouTube 视频的策略

卖家在推送 YouTube 视频时要讲究一定的策略，要在了解目标受众特点的基础上，有战略性地向目标受众推送视频。

1．目标受众尚未认识品牌

在目标受众尚不认识卖家的品牌和商品，或尚未对卖家的品牌和商品形成初步认知时期，卖家可以通过向目标受众推送教学类视频、娱乐类视频、网红开箱类视频等，让目标受众对自己的品牌和商品形成初步认知。

（1）教学类视频

教学类视频就是卖家在视频中演示一些目标受众感兴趣的制作某些物品或学习某些技巧的方法。卖家在演示方法时要有详细的步骤说明，在演示结束后可以带入商品。例如，某家居品牌在 YouTube 上发布了一条家居装修教学视频，该视频内容既实用又有趣，品牌方虽然没有在视频中直接展示商品信息或链接，但该视频吸引了很多对家居装修感兴趣的人对该品牌进行关注，有效地提高了品牌的知名度。

（2）娱乐类视频

娱乐类视频就是卖家在视频中展示一些有趣、搞笑的事件，这类幽默、有趣或壮观惊叹的视频非常容易吸引受众的关注。

（3）网红开箱类视频

网红开箱类视频就是"网红"拆箱并客观、真实地介绍箱子里的商品的视频。"网红"通常在 YouTube 有着一定的影响力，卖家推送网红开箱类视频可以借助"网红"的影响力加深目标受众对品牌的认知度。

2．目标受众对品牌有了一定认知

当目标受众对品牌有了一定认知后，卖家就可以向目标受众推送能够展示品牌亮点的视频，以进一步加深目标受众对品牌的认知，尽可能地拉近品牌与目标受众之间的距离。在这个时期，卖家可以向目标受众推送商品使用类视频和故事类视频来展示品牌的魅力。

（1）商品使用类视频

商品使用类视频就是卖家在视频中展示商品的使用方法或使用效果，以更好地向目标受众展现商品的亮点。例如，一个销售脱毛商品的卖家，以脱毛商品的使用方法和使用效果为主题制作了一些视频，在视频中简单介绍了脱毛商品的相关操作方式和使用效果，有效地加深了目标受众对该脱毛商品的认知度，一些潜在目标受众可能会在看完视频后进一步了解该商品并选择购买。

（2）故事类视频

故事类视频就是展示卖家心路历程或者创业过程，或者品牌发展历程的视频。这类视频有利于从感性的角度对目标受众产生影响，激发目标受众对品牌和商品产生共鸣，并增强目标受众对品牌或商品的信任感。

3. 目标受众对品牌产生需求

当目标受众对卖家的品牌或商品形成深刻认知并产生购买需求后，卖家可以通过向目标受众推送展示商品功能、优势的视频来强调商品能够满足目标受众的需求，激发目标受众的购买欲。在视频中，卖家要尽可能展现自己的商品与同类其他商品相比有哪些优势或亮点，强调商品的与众不同之处。

4. 目标受众产生购买意向

当卖家发现目标受众对商品产生购买意向时，可以通过向目标受众推送组合销售类视频和购物车提示类视频来刺激目标受众下单，以提高商品转化率。

（1）组合销售类视频

组合销售类视频是指卖家在视频中向目标受众推荐能够搭配购买的商品。例如，卖家向有意购买手机保护壳的目标受众推送介绍手机充电线的视频，向有意购买衬衣的目标受众推送介绍领带的视频等，这样不仅有利于提高商品转化率，而且有利于提高客单价。

（2）购物车提示类视频

对于已经将商品加入购物车，但未付款的目标受众，卖家可以向其推送购物车提示类视频，提醒目标受众想起购物车里的那些商品并付款。这类视频的内容不需要太复杂，只要能对目标受众发出提醒即可。

5. 目标受众购买了商品

目标受众购买了商品后，卖家还需要采取措施加深目标受众对品牌和商品的信任度，让目标受众对品牌和商品形成忠诚。此时，卖家可以向目标受众推送购买优惠类视频刺激目标受众再次购买商品。卖家可以在视频中展示店铺的常规折扣，如会员可享受 5%～10% 的优惠、曾经购买过商品的人可以享受包邮服务等，有些目标受众可能会在优惠的吸引下定期购买卖家的商品。

6.3.3 提高视频排名的技巧

正所谓"内容为王"，要想让自己发布的视频在 YouTube 上获得好的排名，视频一定要足够优质。

1. 使用合适的关键字

在 YouTube 中，开头带有关键字的视频往往表现得更好。与 Google 的搜索引擎优化一样，在产出内容前，卖家必须知道这个视频所对应的关键字是什么，并将其贯穿于视频制作的始终。

2．创建引人注目的标题

标题是 YouTube 判断视频排序的重要因素之一，也是影响用户是否点击该视频的关键因素。引人注目的标题的标准是：用户看到标题，就会对视频内容感到好奇，或者清楚该视频能帮助他们解决什么问题。

关于标题的设置，卖家需要注意以下几个方面。

（1）标题简洁且精准

如果标题太长，就无法得到完整的展示，也就无法精准地阐述该视频的主题。如果用户无法从视频的标题中获得有用的信息，就很可能不会点击视频，这样就会降低视频的点击率。

（2）标题中要包含关键字，且尽量将关键字放在前面

标题中包含关键字可以帮助 YouTube 了解该视频的主题，进而让视频获得更多的曝光机会。一般来说，关键词在标题中的位置越靠前，视频的排名就会越靠前。例如，一个视频的关键词是"make a potato cake"（制作土豆饼），有以下两种标题形式。

① Three ways to make a potato cake（制作土豆饼的三种方法）

② Make a potato cake：Three ways you need to know（制作土豆饼：你需要了解的三种方法）

第二种标题的开头有关键字，它精确地向观众描述了视频的内容是什么，这种标题往往在 YouTube 搜索结果中表现良好。

（3）可以尝试使用不同的括号增加点击率

在视频的标题中使用不同的括号，如"＜＞""（　）""「　」"，可以让自己的视频与其他视频有明显的区分，进而增加视频的点击率。例如，在讲述营销趋势的视频标题后面加上"（2023版）"，可以明显地突显出该视频的新颖度；或者使用如"＜免费索取＞"或"「首次曝光」"等突显视频的独特之处，都有可能增加视频的点击率。

3．添加详细的视频描述

卖家通过添加详细的视频描述，有助于用户使用 YouTube 算法或者 Google 搜索结果查找自己的视频内容。除了标题外，视频描述也是用户了解该视频主题内容的渠道，卖家为用户提供精准的视频描述有助于增加视频的点击率。

YouTube 会显示视频描述的前 18～20 个单词，这就意味着视频描述必须简洁，要用尽量简单的句子抓住用户的注意力。视频描述中可以包含视频中难以呈现的内容，如关于商品更详细的规格与描述，自己店铺的链接地址或 Facebook 页面的链接。

4．使用精准的标签

标签有助于 YouTube 算法了解视频的内容，同时还能将卖家的视频与类似视频相关联，从而扩大视频的发布范围和曝光量。

视频所使用的标签要精准，要与视频内容高度匹配。一般来说，可以将商品关键字、与商品使用场景相关的短语、商品所属的行业泛词作为标签。以雪地靴为例，可以将视频标签设置为"雪地靴（商品关键词）、雪地（使用场景）、鞋子（行业泛词）"。此外，还可以参考竞争对手在视频中所使用的标签，适当地使用竞争对手的视频中的标签，让自己的视频出现在竞争对手的相关视频中。

5．做好缩略图设计

视频缩略图是用户在视频列表中看到的主要图像。优质的缩略图可以让用户一眼就明白视频的主题，并且带有一定的号召性。

缩略图能够自定义，卖家在设计缩略图时可以采用以下几种方法。

一是在缩略图中使用比较吸睛的文字，如图 6-15 所示；二是多尝试几种不同形式的缩略图，如商品的图片、视频的截图、制作的插图等，然后分析哪种形式的缩略图的点击率较高。无论使用哪种缩略图，都要保证缩略图与视频的主题密切相关。

图 6-15　带有吸睛文字的缩略图

6．为视频添加字幕

为视频添加字幕不仅可以帮助用户更好地理解视频内容，还可以通过突出关键字提高视频的搜索排名。此外，带字幕的视频可以让用户在嘈杂的环境下及无法开声音的环境下通过观看字幕浏览视频，增加视频的受众群体和被浏览的机会。

7．提供真实可信的视频内容

保证视频的真实性既能让商品或品牌更贴近用户，还能将被动观看用户转变为长期的忠实用户。增加视频真实性的方法有三种，如图 6-16 所示。

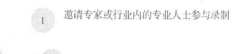

图 6-16　增加视频真实性的方法

8．增加与用户的互动

有些卖家会将"喜欢并订阅"作为行动号召，由此产生的交互可以提高观者对视频的认识，并使视频在搜索结果中更具吸引力。视频的互动数是 YouTube 判别视频好坏的关键指标之一，卖家可以在视频的结尾部分添加"喜欢/不喜欢""分享""留言"或"订阅"等带有行动号召的词语，鼓励用户与该视频进行互动。

视频的结束语不要过于笼统，视频在行动号召中的独特性和参与性越强，人们就越有可能对这个建议做出回应。结束语不要太花哨，提出一些简单的请求可能是最有效的。例如，与其使用"欢迎大家留言或点赞"，不如使用"告诉我们你会怎么选"，这是因为后者能够更明确地体现出需要执行的动作。

6.3.4　YouTube 视频关键词的设置

在 YouTube 平台上，YouTube 视频营销的竞争是异常激烈的。如果卖家上传的视频所设置的关键词不精准，即使视频内容很好，该视频也会被淹没在成千上万的视频中，根本无法进入受众的视线。因此，卖家在发布视频时，只有设置有效的 YouTube 关键词，才能让自己的视频进入更多受众的视线。

在设置关键词时，卖家需要明确两个目的（见图 6-17），这要求卖家在视频的标题、摘要及详细描述等环节都能设置合理的关键词。只有合理设置关键词，才能让视频有机会获得排名和曝光，进而实现引流的效果。

让用户搜得到视频　　　关键词　　　让用户想点击视频

图 6-17　设置关键词的目的

卖家可以采用以下方法寻找关键词。

1．使用 YouTube Suggest

在 YouTube 视频平台上，它自身的搜索引擎 YouTube Suggest 所给出的关键词都是用户确确实实在搜的、爱搜的。卖家只需在 YouTube 首页搜索框中输入一个关键词，在弹出的下拉列表中会自动显示 YouTube 给出的关键词建议，如图 6-18 所示。

图 6-18　YouTube Suggest 推荐的关键词

2．使用第三方工具

卖家可以使用第三方工具获取有效、精准的 YouTube 关键词，这些工具包括 Tube Buddy、Keyword Tool Dominator 和 YT Cockpit 等。

6.3.5　拓展 YouTube 视频受众群体的策略

无论卖家使用 YouTube 频道是进行营销还是分享一些有趣的事，都希望有很多的受众。下面介绍一些拓展 YouTube 视频受众群体的策略。

1．与其他具有类似受众的 YouTube 视频发布者合作

YouTube 视频发布者之间相互合作是吸引全新受众的绝佳方式。常见的一种做法就是视频发布者出现在对方的视频中，这样双方都有在其他创作者的受众面前获得认可的机会。

此外，还可以在 YouTube 众多频道中选择与自己的商品或品牌相关的已经具有一定用户积累量的人气频道进行双向合作。

2．给用户一个转发的理由

除了常用的借势社交网络发掘并培养新用户之外，卖家要想拓展视频的受众群体，就要让观看视频的用户将视频分享给更多的人，但什么样的视频更能刺激用户的分享行为呢？这就需要为视频设置一个刺激用户分享视频的"转发点"。有效的"转发点"主要有以下几种。

（1）与热门事件相关：把握 YouTube 的热门大势，让品牌的视频关键词尽量贴近热门关键词，提高分享的概率。

（2）打好感情牌：用户更容易分享能让其产生强烈情感共鸣的视频，无论使用搞笑风格还是怀旧风格，视频都要能刺激用户产生共鸣。

（3）为分享人加分：用户分享搞笑类视频会显得自己很有趣，分享知识类视频会显得自己有文化，分享流行话题视频会显得自己紧跟潮流。因此，要能让分享者感受到视频的价值，让其觉得自己分享这个视频能给自身带来某种价值。

3．借助热点获取关注

借助热点是推广 YouTube 视频的策略之一。卖家可以考虑制作一些与热点新闻、名人、流行趋势相关的视频，这是因为这些新闻已经有了一定的受众，与之相关的内容也能吸引一定的受众群体。

常见的借助热点制作视频的方法如图 6-19 所示。

图 6-19　借助热点制作视频的方法

在合适的时间发表这类视频，能够接触到一些原本不关注你的视频的受众，以获取他们的关注。

4．在其他网络社区分享视频

卖家可以将 YouTube 视频分享到 Facebook、Twitter、Reddit 等社区，因为这些网络社区上有可能存在欣赏这些视频的受众。由于社区用户比较重视社区讨论主题的一致性，因此在其他网络社区上的板块或群组中发布视频时，要确保视频内容与这些社区的板块或群组所讨论的主题具有相关性。

👤素养提升

> 网络文明是新形势下社会文明的重要内容，是建设网络强国的重要领域。网络时代，人人都是"自媒体"，每个人都是网络内容的生产者、传播者，更是凝聚与宣传网络正能量的参与者和推动者。在开展网络营销时，卖家要将镜头对准新成就和先进人物、事迹，传播文明观念和文明言论，倡导网络文明言行，进一步展现新时代的人文精神风貌。

6.4　电子邮件营销

电子邮件营销（Email Direct Marketing，EDM）是在用户事先许可的前提下，卖家借助电子邮件软件向用户发送电子邮件以传播有价值的信息的一种网络营销手段。

6.4.1　电子邮件营销的方式

目前，电子邮件营销常见的方式主要有两种，即许可式电子邮件营销和非许可式电子邮件营销。

1．许可式电子邮件营销

许可式电子邮件营销是指电子邮件的收信人事先已经同意接收相关的营销邮件。如果卖家发送的电子邮件中的内容都是买家希望获得的信息，更容易获得买家的关注，容易让买家觉得这种电子邮件很贴心，卖家也更容易通过电子邮件形成商品转化。

2．非许可式电子邮件营销

非许可式电子邮件营销就是卖家设计电子邮件模板，撰写电子邮件内容，预先设置电子邮件发送的参数，如电子邮件发送的时间、条件、电子邮件目标受众等，借助电子邮件营销软件将电子邮件自动发送给指定的受众。由于这种电子邮件未经过目标受众的允许，很可能会引起目标受众的反感，从而被目标受众拒绝接收。

6.4.2　撰写电子邮件的技巧

卖家可以使用电子邮件营销软件设计电子邮件的格式，让电子邮件更加美观，让收件人产生更好的阅读体验。但是，电子邮件的外在形式并不是真正吸引收件人阅读电子邮件的关键，只有真正能够给收件人带来价值的电子邮件内容才能吸引收件人的关注，进而刺激他们产生购买欲。因此，卖家要尤其注意电子邮件内容的撰写。

1．标题具有吸引力

收件人收到电子邮件后，通常会先阅读电子邮件的标题，如果电子邮件标题缺乏亮点，就难以激发收件人阅读电子邮件的兴趣，卖家要为电子邮件设计具有吸引力的标题。

对于一些具有时效性的营销内容，卖家可以在电子邮件标题的前面加上"daily""weekly""monthly"等词，如"The daily discount for handbag"（手提包每日折扣）；当店铺开展促销活动、新商品上市时，卖家可以在标题中加上"events"（事件）这个词，提醒人们及时关注，如"Major events：Don't Miss Our Special Offer for headset"（重大事件：不要错过我们特别提供的耳机）；有的卖家会在电子邮件中添加展示商品使用方法的视频，此时卖家可以在电子邮件标题中将这些内容体现出来，如"Operation Video for the puzzle"（拼图的操作视频）。

2．内容具有针对性

对管理人员来说，通常希望收到介绍最新经济形式分析、各类管理资讯、行业发展情况等内容的电子邮件；对市场营销人员来说，通常希望收到介绍市场最新动态、营销技巧等内容的电子邮件；对经常网购的人来说，通常希望收到包含商品折扣、促销信息的电子邮件。不同类型的人对电子邮件内容的需求也不同，因此，卖家要根据不同目标受众的特点、需求，有针对性地撰写电子邮件，这样的电子邮件更容易获得收件人的喜欢。

3．内容能激发收件人的兴趣

电子邮件的内容要能激发收件人购买商品的兴趣，卖家可以在电子邮件中添加免费赠送礼品，展示自己商品的众不同之处，突出自己的服务特色，收件人购买商品可以获得哪些好处等内容。

4．内容简明扼要，条例清晰

电子邮件的内容尽量简明扼要、条理清晰，不宜过长，否则容易引起收件人的反感，收件人很可能会因为内容过长而觉得浪费时间，从而放弃阅读。此外，卖家要做好内容的分层和分段，让收件人能够一看就明白电子邮件在说什么。

5．合理控制图片的大小和数量

卖家在电子邮件中使用的图片不能太大，图片一般要小于 15KB。图片的数量也不能太多，不超过 8 张，以免因网络原因导致电子邮件打开的速度缓慢而让收件人失去耐心关闭电子邮件。此外，图片的名称不要含有"AD（广告）"字符，否则容易使电子邮件被收件箱当成广告而过滤掉。

6．避免添加需要借助插件浏览的内容

卖家最好不要在电子邮件中添加 Flash、Java、JavaScript 等格式的内容，由于网络原因，收件人可能无法打开这些格式的内容，或者需要安装一些插件才能浏览这些内容，这样会给收件人阅读电子邮件造成困扰。为了避免这些情况的出现，卖家可以制作一份与电子邮件内容相同的 Web 页面，并在电子邮件顶部添加 "如果您无法查看电子邮件内容，请点击这里"这句话的超链接，将电子邮件内容链接到放有相同内容的 Web 页面。

7．谨慎使用链接

卖家可以在电子邮件中添加链接，但链接的数量不宜过多。卖家最好将链接写成绝对地址而非相对地址。此外，卖家不要使用带有地图功能的链接图片，否则容易使电子邮件被多数邮箱自动划分为垃圾邮件。

▍课堂实操：实施电子邮件营销

卖家可以使用第三方电子邮件营销软件向目标受众发送营销邮件，也可以使用速卖通店铺后台的邮件营销工具向目标受众发送营销邮件，具体操作方法如下。

（1）进入速卖通店铺后台，单击"营销"│"客户营销"选项，如图 6-20 所示。

图 6-20　单击"客户营销"选项

（2）进入客户营销页面，单击"新建自定义营销计划"按钮，如图 6-21 所示。

图 6-21　单击"新建自定义营销计划"按钮

（3）进入新建/编辑场景营销计划页面，选中"邮件营销"单选按钮，再选择营销人群，如图 6-22 所示。

图 6-22　选择邮件营销和营销人群

（4）在设置营销内容板块，设置营销计划名称、邮件标题、店铺 Code、商品、发送时间等，设置完成后单击"发送"按钮即可，如图 6-23 所示。

图 6-23　设置营销内容

课后习题

1. 简述提高 Facebook 帖文互动率的方法。
2. 简述提高 Twitter 推文质量的方法。
3. 简述推送 YouTube 视频的策略。

课后实训：发布电子邮件

1. **实训目标**：掌握撰写电子邮件的方法，会发送电子邮件。
2. **实训内容**：5 人一组，以小组为单位，撰写电子邮件，并发送给目标人群。
3. **实训步骤**

（1）策划电子邮件内容

分析要推广的商品的特点和目标用户群体的需求，然后根据分析结果策划电子邮件内容。

（2）撰写并发布电子邮件

撰写并发布电子邮件，在撰写电子邮件时要为电子邮件设置吸引人的标题，添加具有吸引力的优惠内容，以提高电子邮件的转化率。

4. **实训总结**

学生自我总结	
教师总结	

第7章

物流配送：高效配送让商品畅销全球

学习目标

> 了解速卖通物流方案的类型。
> 掌握选择物流方案应考虑的因素。
> 掌握 AliExpress 无忧物流的物流服务类型与商品发货流程。
> 掌握海外仓的运作流程与类型。
> 掌握选择海外仓的考虑因素。
> 培养并提高沟通协调能力和团队合作能力。
> 树立正确的职业道德意识，培养高度的责任感。

在跨境交易中，物流是连接境内卖家与境外买家的重要通道。卖家选择高效、适合自己的物流方式能节约物流成本，提高收益。卖家熟练掌握发货流程，及时上传物流信息，可以让买家随时掌握物流动态，为其创造良好的购物体验。

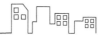

 速卖通物流服务

速卖通联合多家第三方物流商为卖家打造了优质的物流服务体系。卖家可以直接在速卖通后台在线选择物流方案，物流商上门揽收（或卖家自寄至物流商仓库）并发货到境外。卖家可以在线支付运费、在线发起物流维权，速卖通作为第三方会全程监督物流商的服务质量，为卖家的权益提供保障。

7.1.1　速卖通物流方案的类型

速卖通为卖家提供了多种物流方案，包括经济类物流、简易类物流、标准类物流、快速类物流、线下类物流、海外仓物流和优选仓物流。速卖通物流方案简介如表7-1所示。

表7-1　速卖通物流方案简介

物流方案	简介
经济类物流	运输成本较低，目的地包裹妥投信息不可查询，仅允许线上发货；适合运送货值低、重量轻的商品
简易类物流	提供简易挂号邮件服务，可查询包含妥投或买家签收在内的关键环节物流追踪信息
标准类物流	提供邮政挂号服务和专线类物流服务，全程物流追踪信息可查询
快速类物流	包括商业快递和邮政提供的快递服务，时效快、全程物流追踪信息可查询，适合运送高货值商品
线下类物流	线下发货的物流服务
海外仓物流	已备货到海外仓的货物所使用的境外本地物流服务
优选仓物流	已备货到境内优选仓的货物所使用的优选仓专属仓发物流服务

7.1.2　卖家选择物流方案考虑的因素

卖家在选择物流方案时，需要重点考虑以下因素。

（1）与商品的匹配度

卖家要根据商品的重量和性质选择物流方案。货值低、重量轻的商品适合选择国际小包，其收费低廉，但有2千克限重；超过2千克的商品适合选择国际专线或国际快递，安全性、时效性更好；高货值商品适合选择国际快递，可以在最短的时间内送达。此外，物流服务商是否接受特殊商品（如锂电池、带粉末的化妆品等）也是匹配度的一个考量因素。

（2）运费

卖家选择的物流方案并非运费越低越好，而是要运费可控。如果只有一票货件，那么计算运费成本就非常简单。如果一个月有几千票货件，物流商提供的物流报价中又包含十几套价格并附加十几条限制条款，一年内还有数次价格变动，这种情况下计算最终物流成本就比较困难。因此，物流商能否提供合理、透明、稳定的报价对卖家来说非常重要。

此外，卖家还要考虑物流商是否会在运费之外收取其他的隐性费用，如是否有燃油附加费等。为了便于考察，卖家可以让物流商将各种收费项目、计费方式明确列出来，必要时可以将其列入合同的明细。

（3）运送时效

在物流时效符合买卖双方的预期且成本可控的情况下，物流时效越稳定越好，这样才能为买家提供良好的购物体验。卖家可以在淡季时多尝试寻找几家物流商，通过走货测试线路质量，为旺季做准备。卖家在旺季时选择物流方案要考虑物流商的承运能力，查看其以往对爆仓问题的应对方法和相应的理赔机制。

（4）物流派送

安全、稳妥的物流派送可以避免产生不必要的售后问题和损失。卖家在考评物流商时，要对其全环节操作的专业度进行详细的了解，境内集货要看其仓储分拨失误率；头程要看其通路、清关优势，是直发还是多层转包；目的国家及地区要看其落地派发质量、尾程的可控性。

（5）配套服务

配套服务是卖家除了成本和时效之外必须考虑的一个重要因素。拥有专业、稳定团队的物流商还能帮助卖家在拓展境外市场或入驻电商平台时提供有效的经验，让卖家少走弯路。

7.2 AliExpress 无忧物流

AliExpress 无忧物流是速卖通和菜鸟网络联合推出的速卖通官方物流服务，能够为速卖通卖家提供包括境内揽收、国际配送、物流详情追踪、物流纠纷处理、售后赔付在内的"一站式"物流解决方案，降低物流不可控因素对卖家造成的影响，让卖家放心在速卖通平台上经营。

7.2.1 AliExpress 无忧物流与货代发货的区别

AliExpress 无忧物流与货代发货的对比如表 7-2 所示。

表 7-2　AliExpress 无忧物流与货代发货的对比

对比项	AliExpress 无忧物流	货代发货
物流服务	稳定：速卖通官方物流，由菜鸟搭建覆盖全球的优质物流网络	不稳定：货代市场鱼龙混杂，提供的服务不可控
人力成本	节省：一旦产生物流纠纷，卖家无须响应，由平台介入进行全流程处理	耗费：需要卖家花费大量的时间、精力和人力处理物流咨询、投诉
资金风险	低：因物流原因导致订单超出限时达时间未妥投所造成的损失，由平台承担赔款	高：因物流问题导致的损失由卖家承担，卖家向物流商申请索赔困难
卖家保护	有：因物流原因导致的 DSR 低分、仲裁提起率、卖家责任率均不计入考核	无：因物流问题导致的纠纷将会影响卖家服务等级的考核

7.2.2 AliExpress 无忧物流的物流服务类型

目前，AliExpress 无忧物流为卖家提供四种物流服务：无忧简易、无忧标准、无忧自提和无忧优先，具体如表 7-3 所示。

表 7-3　AliExpress 无忧物流的物流服务类型

物流服务	物流类型	运送范围	寄送限制
无忧简易	简易类物流	俄罗斯、西班牙、乌克兰、白俄罗斯、智利全境邮局可到达区域	白俄罗斯、乌克兰、智利不接受任何带电货物及化妆品；俄罗斯接受含电池类物品（电池需内置），不接受纯电池类物品
无忧标准	标准类物流	全球 254 个国家及地区	不接受配套电池和纯电池；南非不接受任何带电货物及化妆品，多米尼加共和国不接受任何带电货物
无忧自提	标准类物流	覆盖俄罗斯本土 66 个州，183 个城市的近 800 个自提柜	只接受普通货物，不接受带电、纯电及化妆品
无忧优先	快速类物流	全球 176 个国家及地区	只接受普通货物，不接受带电、纯电及化妆品

👤 **素养提升**

　　在日常工作中，良好的沟通能力和团队合作能力是一个人不可或缺的重要能力。跨境电商业务涉及环节多，接触部门广，跨境电商从业者要积极拓展知识面，精通本职业务，积极与他人进行沟通，通力合作以解决在工作中遇到的问题。

▌课堂实操：商品发货

　　在速卖通平台进行商品发货的具体流程如下。

　　（1）进入速卖通店铺后台，单击"交易"|"订单"|"所有订单"选项，在订单信息页面中选择需要发货的订单，然后单击"线上发货"按钮，如图 7-1 所示。

图 7-1　单击"线上发货"按钮

　　（2）进入创建物流单页面，设置物流单基础信息，选择需要发货的商品，并选择货物类型，如图 7-2 所示。

图 7-2　设置物流单基础信息

（3）选择物流方案，如图 7-3 所示。

图 7-3　选择物流方案

（4）设置寄件人信息、收件地址和退货地址，如图 7-4 所示。

图 7-4　设置寄件人信息、收件地址和退货地址

（5）物流单创建成功后，选中"我已阅读并同意《在线发货-阿里巴巴使用者协议》"单选项，单击"确认完成物流订单"按钮，如图7-5所示。

图 7-5 单击"确认完成物流订单"按钮

（6）打印发货标签，单击"去打印"按钮，如图7-6所示。

图 7-6 单击"去打印"按钮

（7）返回订单信息页面，单击"填写发货通知"按钮，如图7-7所示。

图 7-7　单击"填写发货通知"按钮

（8）设置单笔声明发货，然后单击"部分提交发货通知"按钮，如图 7-8 所示。

图 7-8　部分提交发货通知

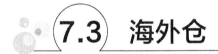

7.3　海外仓

海外仓是指建立在境外的仓储设施。在跨境电商中，海外仓是卖家为了提升订单交付能力而在靠近买家的地区所使用的仓储物流节点，它通常具有货物储存、流通加工、本地配送及售后服务等功能。

7.3.1　海外仓的运作流程

海外仓的运作流程包括头程运输、仓储管理和本地配送三个环节，如表 7-4 所示。

表7-4 海外仓的运作流程

运作流程		具体说明
第一步	头程运输	卖家通过陆运、海运、空运或者联运等方式将商品运送到海外仓
第二步	仓储管理	① 卖家通过海外仓信息管理系统，对海外仓中的货物进行远程管理，并实时更新仓储信息； ② 卖家接到订单后，向海外仓储中心发出货物操作指令
第三步	本地配送	① 海外仓储中心根据卖家发出的货物操作指令对货物进行存储、分拣、包装与配送等操作； ② 海外仓发货完成后，海外仓信息管理系统会及时更新信息，让卖家了解海外仓库存状况

卖家使用海外仓后，当买家下单后，卖家可以通过距离买家较近的海外仓发货、配送，快速将商品送至买家手中，大大缩短了商品的配送时间。

此外，有些海外仓还能为卖家提供商品检测维修、二次包装、退换货等服务，这些服务有利于提高买家的购物体验，降低因物流原因导致买家给予差评的概率。可以这样说，海外仓不只是在境外建仓库，它更是一种对现有跨境物流运输方案的优化与整合。

7.3.2 海外仓的类型

得益于跨境电商出口交易规模的快速增长，近几年，市场对海外仓的需求日益旺盛。目前，市场上的海外仓有三种类型，即自建海外仓、跨境电商平台海外仓和第三方海外仓。

自建海外仓是指卖家在境外自行建立仓库，仅为自身销售的商品提供仓储、配送等物流服务，并自行负责头程运输、通关、海外仓管理、拣货、终端配送等一系列工作。

跨境电商平台海外仓是指跨境电商平台建立的海外仓库，为卖家提供海外仓管理、发货、本地配送、物流纠纷等服务。

第三方海外仓是指由第三方企业（多为物流服务商）建立并运营的海外仓库，为卖家提供清关、报检、仓储管理、商品分拣、终端配送等服务。也就是说，整个海外仓的运营与管理都由第三方企业负责，卖家可以通过租赁的方式获得第三方海外仓的服务。

这三种类型的海外仓各具优劣势，具体如表7-5所示。

表7-5 各类海外仓的优劣势

海外仓类型	优势	劣势
自建海外仓	① 灵活性强：卖家可以从自身情况出发，自主确定海外仓的地址、规模、运营模式。卖家自行对海外仓进行管理，掌握海外仓的发货速度，酌情区分加急件、慢件。对于退回海外仓的商品，卖家可以决定哪些商品适合销毁，哪些商品可以再售等； ② 利于卖家本土化经营：卖家在目标市场建立海外仓在一定程度上能向当地买家表明其是真实存在的，且经营实力较强，这样有利于降低买家对卖家的疑虑。卖家可以雇佣海外仓所在地的员工来负责海外仓的相关运营工作，这些员工熟悉当地的法律、文化和人们的沟通习惯，有利于提高卖家的服务水平	① 成本较高：卖家自己承担仓库租赁费、员工雇佣费、仓储管理系统搭建或租赁费等； ② 经营管理要求较高：卖家需要自行了解海外仓所在地的政治环境、经济环境、文化习俗、法律制度、劳工雇佣政策，以及当地基础设施建设水平、信息技术水平、服务水平等，还需要组建海外仓运营管理团队，这些都需要卖家花费一定的时间和精力，并承担一定的运营管理风险； ③ 仓储面积弹性小：通常情况下，卖家建立的海外仓的面积是固定的，如果卖家所建海外仓仓储面积较大，而卖家的出货量却较小，就会形成资源浪费；如果卖家租赁的海外仓仓储面积较小，而卖家的出货量却较大，就容易出现场地不够的情况

续表

海外仓类型	优势	劣势
跨境电商平台海外仓	① 流量倾斜：为使用海外仓的卖家提供流量倾斜，让卖家获得更多的流量支持； ② 提供较好的物流服务：为卖家提供较好的物流服务，减少买家因物流原因而给予的中差评，改善卖家的账号表现	① 对商品有限制：有的跨境电商平台海外仓对商品的尺寸、重量、类型有一定的限制，不符合要求的商品无法使用海外仓； ② 仓储费较高：有的跨境电商平台海外仓需要卖家缴纳订单配送费、仓储费、退换货处理费等费用，这在一定程度上会加重卖家的成本负担； ③ 服务内容不同：有的跨境电商平台海外仓不为卖家提供头程运输、清关等服务，需要卖家自己负责
第三方海外仓	① 节约精力：有的第三方海外仓提供的服务较为全面，能让卖家在运营管理海外仓时节约一定的精力； ② 降低海外仓运营风险：第三方海外仓的运营方通常具有较强的海外仓运营能力，可以帮助卖家有效规避法律法规、行业政策、税收政策及境外人员管理等环节带来的风险，从而帮助卖家降低由海外仓带来的风险； ③ 卖家灵活性较强：第三方海外仓的数量较多，卖家可以根据某类商品的特点来挑选能够接受此类商品的第三方海外仓； ④ 适用范围广：第三方海外仓具有中转作用，如果卖家同时使用第三方海外仓和跨境电商平台海外仓，在销售旺季可以直接从第三方海外仓向跨境电商平台海外仓发货，节省境内发货时间	服务不完善：有些第三方海外仓无法为卖家提供商品推广服务，需要卖家自己通过站内站外各类推广工具增加商品和店铺的曝光率；有些第三方海外仓不能提供售后与投诉服务，无法消除买家留下的中差评

速卖通平台的海外仓包括官方仓、认证仓和商家仓承诺达，各类海外仓的特点如表 7-6 所示。

表 7-6　速卖通平台的海外仓及其特点

海外仓类型	释义	特点
官方仓	由速卖通和菜鸟网络共同推出的速卖通官方配套物流服务，能够为速卖通卖家提供海外仓管理、仓发、本地配送、物流纠纷处理、售后赔付等一站式物流解决方案	① 从官方仓发出的商品可以打上"X 日达"标志，还可享受搜索流量加权，海外仓营销专场招商资格，以及从平台获得更多的曝光机会； ② 速卖通任何一个官方仓的物流均可覆盖欧洲多个重点国家（地区），官方仓所在国（地区）能实现商品 3 日达； ③ 进入官方仓的商品能享受多项服务，例如，自动发货，即交易订单自动流转，由官方仓负责订单的拣货、打包、发货等工作；物流免责，即官方仓订单因物流原因导致的纠纷、DSR 低分不计入卖家账号考核；菜鸟赔付，即商品入库后因物流原因导致的货物问题或纠纷退款，由菜鸟进行赔付
认证仓	经过菜鸟网络认证的第三方海外仓、自建海外仓	① 能够为速卖通卖家提供海外仓储管理、仓发、本地配送、售后赔付等服务； ② 菜鸟建立海外仓官方认证体系，打通了订单流，官方认证仓订单和物流信息能自动流转回传； ③ 认证仓内的商品与速卖通平台资源绑定，可以获得速卖通平台的流量支持

续表

海外仓类型	释义	特点
商家仓承诺达	卖家使用第三方海外仓或自建海外仓且能满足快速配送的时效，可以开通速卖通平台承诺达服务	卖家使用商家仓订购"承诺达"服务，通过考核后，商品就可以打上"X 日达"标志，并享受"X 日达"的所有权益，例如商品获得搜索流量扶持，商品在购物车、订单页等展示渠道显示"X 日达"标志，商品可优先获得参加平台活动的资格等

7.3.3 卖家选择海外仓的考虑因素

海外仓不仅能为卖家提供强大的物流支持，还能有效提升买家的购物体验，因此，在当前的跨境电商行业中，海外仓的作用越来越突出。不同类型的海外仓具有不同的优劣势，对于卖家来说，只有选择适合自己的海外仓类型，才能充分发挥海外仓的优势，借助海外仓提升自身竞争力，否则不适合的海外仓模式只会增加卖家的运营成本，加大卖家的运营风险。

卖家在选择海外仓的类型时，需要考虑以下四个因素。

1. 商品的特征

一些第三方海外仓和跨境电商平台海外仓对商品的种类、体积、重量有所限制，不符合相关要求的商品无法使用海外仓。如果卖家选择自建海外仓，则可以根据商品的特点确定海外仓的选址、规模等，卖家享有更多主动权。因此，卖家在选择海外仓时，要先分析自己商品的特征，以及各种类型的海外仓对商品体积、重量的要求，再根据自身商品的特点选择海外仓。

2. 海外仓的服务内容

第三方海外仓和跨境电商平台海外仓提供的服务有所不同，例如，有的第三方海外仓和跨境电商平台海外仓不能为卖家提供清关服务、退税服务等；有的第三方海外仓和跨境电商平台海外仓则不能为卖家提供整理商品和贴标签服务。因此，卖家在选择海外仓时要了解海外仓所能提供的服务，考虑自己是否需要海外仓提供这些服务，并衡量这些服务的成本效益。

3. 卖家的运营战略

不同卖家采取的运营战略有所不同。如果卖家使用海外仓是为了提高商品销量，但不想将海外仓物流体系纳入自身运营范围，就可以考虑选择速卖通官方仓、认证仓或第三方海外仓。

如果卖家想要提高品牌知名度，实现本土化经营，且有足够的资金、具备海外仓储运营管理能力，就可以考虑选择自建海外仓。

4. 卖家的规模和实力

在选择海外仓的类型时，卖家还需要考虑自身的发展规模、实力和风险承担能力。一般来说，与第三方海外仓和跨境电商平台海外仓相比，自建海外仓成本较高，且需要卖家对海外仓进行经营管理，对卖家的资金实力和经营管理能力的要求较高。

与自建海外仓相比，跨境电商平台海外仓、第三方海外仓成本较低，且无须卖家管理、运营，还能为卖家提供各种增值服务，让卖家将更多精力用在店铺运营管理上。对于刚开始涉足跨境电商行业的卖家来说，使用速卖通平台的海外仓是一个不错的选择。

👤**素养提升**

职业道德意识是指社会或个人对职业道德的认识、情感以及意志和信念等心理与思想的状态。每一个岗位上的工作者都必须牢牢树立正确的职业道德意识。跨境电商物流环节的服务质量会直接影响买家的购物体验和满意度，跨境电商从业者应该具备高度的责任感，认真负责地为买家提供优质的物流服务。

▌课堂实操：设置运费模板

在速卖通设置运费模板的具体操作方法如下。

（1）进入速卖通店铺后台，单击"物流"|"运费模板"选项，进入运费模板页面，单击"新建运费模板"按钮，如图 7-9 所示。

图 7-9　单击"新建运费模板"按钮

（2）进入新增运费模板页面，输入模板名称，选择发货地址，如图 7-10 所示。

图 7-10　设置模板名称和发货地址

（3）单击"请选择物流线路"下方的下拉按钮，在弹出的列表中选择物流线路，然后单击"保存"按钮，如图 7-11 所示。

图 7-11 选择物流线路

（4）分别设置各个物流线路的运费，如图 7-12 所示。卖家选择"标准运费"时，可以设置标准运费的计费规则，减免百分比是指在物流公司的标准运费的基础上给出的折扣。例如，物流公司标准运费为 100 美元，卖家输入的减免百分比是 30%，则买家实际支付的运费是 100×（100%-30%）=70（美元）。卖家选择"卖家承担"时，即卖家包邮，买家无须支付运费。卖家选择"自定义运费"时，可以分别设置不同目的地的运费计费规则，包括包邮（卖家承担运费）、不包邮（自定义运费）、不发货的国家及地区。各个物流线路的运费设置完成后，单击"保存并返回"按钮即可。

图 7-12 设置各个物流线路的运费

📖 课后习题 ●●●●●

1. 简述 AliExpress 无忧物流与货代发货的区别。
2. 卖家在选择物流方案时应该考虑哪些因素？
3. 海外仓有哪些类型？卖家应该如何选择海外仓？

课后实训：设置运费模板和商品发货

1. **实训目标**：掌握设置运费模板和商品发货的方法。
2. **实训内容**：设置运费模板，并完成商品发货。
3. **实训步骤**

（1）选择物流方式

根据店铺实际情况，选择合适的物流运输方式。

（2）设置运费模板

为店铺设置运费模板，提高发货效率。

（3）商品发货

进行商品发货，并通知买家发货信息。

4. **实训总结**

学生自我总结	
教师总结	

第 8 章

资金管理：货款管理，实现资金高效周转

学习目标 ↓

➢ 了解 AE 俄罗斯资金账户和支付宝国际账户。

➢ 掌握 AE 俄罗斯资金账户签约授权万里汇账号的方法。

➢ 掌握在支付宝国际账户中添加银行账户的方法。

➢ 掌握速卖通放款、转账和提现的规则。

➢ 了解跨境电商支付风险与防范措施。

➢ 树立并增强资金安全意识，防范资金安全风险。

➢ 秉承真诚以待、信守承诺的作风，降低信用风险。

　　资金是店铺生存和发展的重要基础，是保证店铺正常运营的血液。在速卖通店铺运营中，卖家做好货款管理，及时回收资金，才能保证店铺资金高效周转，为店铺运营提供有力的资金支持。

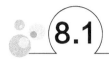 ## 8.1 速卖通资金管理账户

在速卖通店铺运营过程中，资金管理是一个非常重要的环节。速卖通平台为卖家提供了 AE 俄罗斯资金账户、支付宝国际账户等资金管理账户，满足了买家多样化支付与卖家多样化收款的需求。此外，这些收款方式也为卖家提现提供了便利条件。

8.1.1 AE 俄罗斯资金账户

AE 俄罗斯资金账户是速卖通平台为发货到俄罗斯的订单开通的独立资金账户。AE 俄罗斯资金账户由万里汇（WorldFirst）提供服务，卖家在使用前需要签约授权万里汇提供资金服务。

课堂实操：AE 俄罗斯资金账户签约授权万里汇账号

AE 俄罗斯资金账户签约授权万里汇账号的具体操作方法如下。

（1）进入速卖通店铺后台，单击"资金"|"资金账户"|"资金中心"|"AE 俄罗斯资金账户"选项卡，单击"管理收款账户"超链接，如图 8-1 所示。

图 8-1　单击"管理收款账户"超链接

（2）进入账户管理页面，单击"去绑定账户"按钮，如图 8-2 所示。

图 8-2　单击"去绑定账户"按钮

跨境电商：速卖通运营与管理（第 2 版 视频指导版）

（3）在弹出的"绑定账户"对话框中单击"去绑定"按钮，如图 8-3 所示。

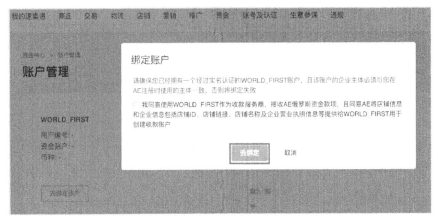

图 8-3 单击"去绑定"按钮

（4）跳转至万里汇页面，选中"我已阅读该协议并同意授权"复选框，然后单击"提交"按钮，如图 8-4 所示。

图 8-4 阅读协议并同意授权

（5）如果卖家没有注册万里汇账户，则跳转至万里汇账户注册页面，根据提示填写信息，然后单击"注册"按钮，如图 8-5 所示。

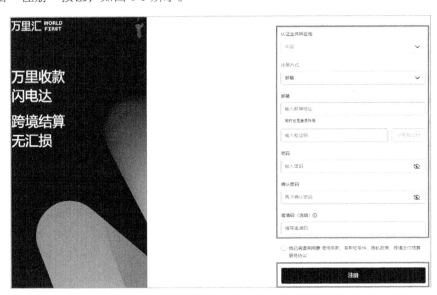

图 8-5 填写注册信息

（6）进入立即授权页面，选中"我已阅读并同意 WorldFirst 服务协议 隐私政策"复选框，然后单击"我同意"按钮，如图 8-6 所示。

图 8-6 同意授权协议

（7）此时，页面提示绑定成功，单击"确定"按钮，如图 8-7 所示。

图 8-7 绑定成功

8.1.2 支付宝国际账户

支付宝国际账户是支付宝平台为从事跨境交易的境内用户建立的一个资金账户管理系统。速卖通的支付宝国际账户无须卖家额外开通，卖家在速卖通平台上开店后自动开通支付宝国际账户。卖家可以在速卖通店铺后台通过单击"资金"｜"支付宝国际账户"选项，跳转进入支付宝国际账户页面查看资金。卖家还可以在支付宝国际账户中查询在速卖通平台的放款、菜鸟运费扣款、佣金扣除等信息。

目前，速卖通卖家店铺中的支付宝国际账户和速卖通账户是绑定的，默认状态下，支付宝国际账户没有独立的登录账号和登录密码，该支付宝国际账户暂不能用于接收个人或企业的付款、转账、充值等。例如，买家拍错了，需要退款，卖家是不能通过支付宝国际账户进行转账来完成退款的。

一个支付宝国际账户对应一个速卖通账户，速卖通账户对应的支付宝国际账户无法更换。

在支付宝国际账户中，卖家可以选择添加银行账户、万里汇账户和支付宝境内账户作为收款账户。卖家添加的银行账户类型需为借记卡（即储蓄卡），不支持信用卡；境内境外账户都支持；银行账户持有人只允许为供应商或者商户关联人，如法人、股东或者董事。卖家

添加的万里汇账户可以是个人账户或公司账户。

此外，卖家添加的支付宝境内账户仅用于美元提现人民币和人民币转账收款。美元提现人民币对收款的支付宝境内账户有同名要求，即如果是支付宝境内企业账户，支付宝境内企业账户认证名称需和速卖通认证名称一致；如果是支付宝境内个人账户，需为法定代表人的个人账户。

课堂实操：添加银行账户

在支付宝国际账户中添加银行账户的具体操作方法如下。

（1）进入支付宝国际账户首页，在左侧单击"银行账户信息"选项，在右侧"银行账户"区域中单击"+添加"按钮，如图 8-8 所示。

图 8-8　单击"+添加"按钮

（2）在打开的页面中根据提示填写相关信息，然后单击"提交"按钮，如图 8-9 所示。

图 8-9　填写相关信息

 # 8.2　速卖通放款、转账和提现

卖家通过运营店铺获得的资金需要经过放款、转账和提现才能充分流转起来。对于放款、转账和提现，速卖通平台有着不同的要求。

8.2.1　放款

为了确保速卖通平台的交易安全，保障买卖双方的合法权益，速卖通及其关联公司在满足规定的条件时会根据平台规则向卖家放款。

1．放款基本规则

一般情况下，速卖通平台将在交易完成、买家无理由退货保护期届满后向卖家放款，即买家确认收货或系统自动确认收货加 15 个自然日（或平台不定时更新并公告生效的其他期限）后。

对卖家的经营情况和信用进行综合评估（如经营时长、好评率、拒付率、退款率等）后，速卖通平台可决定为部分订单进行交易结束前的提前垫资放款（即提前放款）。提前放款的具体金额可以为订单的全部金额或部分金额，由速卖通平台根据综合评估决定。卖家可以随时向平台申请退出提前放款。

如果卖家账号清退或主动关闭，针对账号被清退、关闭前的交易，为了保证买家利益，速卖通平台会在订单发货 180 日后再放款。

如果速卖通平台依据法律法规、双方约定或合理判断认为卖家存在欺诈、侵权等行为，就有权视具体情况延长放款周期，并对订单款项进行处理，或冻结相关款项至该行为消除后。

2．提前放款

对于经评估符合条件的交易，速卖通平台将在卖家发货且买家付款经银行资金清算到账后进行提前放款。放款时，卖家授权速卖通平台冻结提前放款的部分金额作为卖家对平台的放款保证金。对于放款保证金金额，卖家同意速卖通平台根据卖家经营状况、纠纷率等因素进行调整，卖家可以随时在后台查询。

并非每个卖家的每笔订单均可享受提前放款。如果任何订单存在平台认定的异常或卖家经系统判断不符合享受提前放款情形的，速卖通有权拒绝提前放款。

无法享受提前放款的订单包括但不限于以下几种情况。

（1）卖家综合经营（纠纷率、退款率、好评率等）情况不佳或数据较少（如经营时间不超过 3 个月等）。

（2）卖家违反平台规定进行交易操作的。

（3）卖家有违反协议及相关规则的行为。

（4）其他平台认为不适宜进行提前放款的情形。

经速卖通平台评估不符合提前放款条件的卖家，其放款保证金将在速卖通平台通知取消之日起 6 个月后退还；该期间若因卖家原因给买家、平台或其他第三方造成损失或产生退款、垫付的（包括但不限于享受提前放款的订单纠纷等导致），速卖通平台有权从放款保证金中划扣以补偿损失，并将剩余部分于 6 个月后退还卖家；不足部分，速卖通平台有权从卖家支付宝国际账户上进行划扣，仍不足赔付的，继续向卖家追讨。

提前放款是速卖通平台针对卖家推出的资金扶持产品，通常情况下，卖家入驻速卖通 45 天后，如经营情况稳定且未触犯平台规则，即可通过风控系统评估准入提前放款服务，提前放款订单的放款时间通常为卖家发货后的 5～7 天，最快 3～5 天。

8.2.2 转账和提现

转账是指卖家通过支付宝国际账户，将可用余额转入关联的银行账户或万里汇账号，关联的银行账户可以是同名公司、供应商公司账户或者法人、董事、股东个人账户。

提现是指卖家将支付宝国际账户中的可用余额转入法定代表人的支付宝个人账户或与公司同名的支付宝境内企业账户中。速卖通不同账户转账和提现的区别如表 8-1 所示。

表 8-1　速卖通不同账户转账和提现的区别

币种账户	操作类型	到账币种	支持的手账账户	到账时效	手续费
美元账户	转账	美元	境内或境外银行账户（个人或对公账户）	7 个工作日	单笔 15 美元，有时中转行可能会额外收取一定费用
			支付宝国际账户（非中国境内客户）	实时	免费
美元账户	提现	人民币	支付宝账户	几分钟	收取提现金额的 0.3%作为提现手续费，每笔最低收费 8 美元
人民币账户	转账	人民币	支付宝账户	几分钟	免费

素养提升

　　资金具有高价值、高流动与高风险的特质，跨境电商从业者要树立"安全第一"的资金管理理念，坚持常抓不放，防微杜渐；在店铺的管理上也应该结合自身情况，制定并执行有效的管理措施，有效提升资金风险防范和安全保障能力。

课堂实操：支付宝国际账户提现

　　从支付宝国际账户提现的具体操作方法如下。

　　（1）进入支付宝国际账户首页，在左侧单击"资金管理"选项，在右侧单击"提现"按钮，如图 8-10 所示。

图 8-10　单击"提现"按钮

　　（2）进入提现页面，根据提示完善提现信息，如图 8-11 所示，然后单击"下一步"按钮，并确认信息即可。

图 8-11　完善提现信息

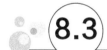 8.3　跨境电商支付风险与防范

货款交易是跨境电商交易过程中一个重要环节，它不仅涉及买卖双方，还涉及支付机构。由于整个支付环节会存在一定的风险，因此跨境电商卖家需要采取必要的防范措施。

8.3.1　交易信用风险与防范

在跨境电商的交易过程中，买卖双方都可能存在信用问题，如买家欺诈交易、卖家虚假发货等。网上交易的物流与资金流在空间上和时间上是分离的，如果买卖双方没有足够的信用保证，网上交易就难以顺利进行。此外，跨境网上交易是跨越时空交易，买卖双方大多通过网络进行交流，很难面对面地交流，这也在一定程度上增加了信用风险。

针对支付过程中的信用风险，卖家可以采取以下措施进行防范。

① 卖家对买家进行鉴别，判断买家是否是因为信用卡被盗或账户被盗而产生欺诈交易。

② 卖家保存好交易记录，建立存在交易信用风险的买家黑名单。

③ 对于交易规模较大的买家，卖家可以在交易之前对买家的信息进行核对，评估买家是否存在虚假交易的风险。此外，还可以限制买家购买条件和通过电话核对买家信息。

8.3.2　网络支付安全风险与防范

跨境电商资金支付环节的完成需要互联网的支持，由于互联网的特性，支付过程会存在

网络安全问题，如黑客攻击系统、信息传输系统发生故障、系统感染各种病毒等。如果出现上述问题，支付信息就可能被泄露、篡改，以致造成买卖双方资金损失。此外，跨境电商买卖双方的资金通常要在不同国家及地区的相关银行、第三方支付机构之间流转，一旦某个环节出现问题，就容易引发支付安全风险。

针对网络支付安全风险，国家需要采取相应措施进行防范。例如，国家积极完善跨境电商支付监督体系，建立安全可靠的支付系统；国家加强支付环节的安全认证，利用人脸识别、指纹识别、声音识别，以及口令和位置认证等加密方式提高支付安全认证等级；发展互联网技术，提升跨境电商支付系统防病毒、抵御黑客攻击的能力，增强支付信息的安全性等。

8.3.3 资金管理风险与防范

在跨境电商支付中，若买卖双方使用第三方支付机构进行交易，买家支付的款项会先汇到第三方支付机构，然后卖家发货，货物经过物流企业送至买家手中，买家确认收货后，第三方支付机构才会将货款打入卖家账户。在买家尚未确认收货之前，货款要滞留在第三方支付机构。

此外，一些第三方支付机构对资金提现、转账的手续费有特殊规定，很多卖家为了降低提现、转账成本，往往会等自己放置在第三方支付机构的资金累计到一定数额后再进行提现、转账，这样资金也会在第三方支付机构滞留，而各个第三方支付机构的资金管理水平、风险承受能力不同，资金在第三方支付机构滞留可能会产生资金滞留风险。

针对此类风险，第三方支付机构需要提高资金管理水平和风险承受能力，加强U盾、数字小键盘等辅助控件的使用，以提高资金流转的安全性。

素养提升

信守承诺、诚恳待人是中华民族的传统美德，在与人交往的过程中，我们要大力弘扬中华民族重承诺、守信用的美德，做到言必行，行必果，言行一致，宽厚待人。

课后习题

1. 速卖通支付宝国际账户对添加的银行账户、万里汇账户、支付宝境内账户有什么要求？
2. 在速卖通平台，哪些情况不能享受提前放款？
3. 什么是转账，什么是提现？

课后实训：查询店铺资金账户并提现

1. **实训目标**：掌握查询店铺资金账户的方法，会将资金提现。
2. **实训内容**：查询店铺资金情况，并将经营所得进行提现。

3. 实训步骤

（1）查询店铺资金情况

进入店铺后台，查询店铺资金情况，如已放款金额、待放款金额、退款金额等。

（2）绑定收款账户

分别为 AE 俄罗斯资金账户和支付宝国际账户绑定收款账户。

（3）提现

从支付宝国际账户将资金提现。

4. 实训总结

学生自我总结	
教师总结	

第9章 客户服务：提升客服质量，打造高口碑店铺

学习目标 ↓

➤ 了解客户服务人员的职能及合格客服人员应具备的技能。

➤ 掌握提高买家满意度、做好二次营销的技巧。

➤ 了解询盘沟通的原则与询盘沟通的技巧。

➤ 掌握应对买家拒付与纠纷的技巧。

➤ 培养与增强真诚为客户服务的意识。

➤ 坚持不同文明交流互鉴，以包容开放的心态接受不同国家（地区）文化的差异。

➤ 弘扬爱岗敬业精神，坚持认真、负责、耐心、热情的服务态度。

客户服务能力是一个网店的"软实力"，优质的客户服务能为店铺吸引更多的回头客，降低营销成本。要想做好客户服务，卖家需要培养专业的客户服务人员，用热情、专业的态度与服务提高买家的满意度。此外，卖家还需要掌握询盘沟通的技巧，并能有效地处理买家拒付与纠纷等情况。

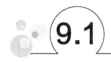 **9.1** **客户服务人员的职业要求**

客户服务的好坏会直接影响买家的复购率。客户服务是一种服务理念，其核心思想是将买家作为最重要的资源，通过完善的客户服务和深入的客户分析来满足买家的需求，保证实现买家的终生价值。对于速卖通卖家来说，清晰地认识跨境电商客户服务的工作范畴是做好客户服务工作的关键。无论是经营者还是管理者，都应该清楚跨境电商客户服务人员的职能、客户服务人员应该具备哪些技能。

▌ 9.1.1 客户服务人员的职能

跨境电商客户服务人员（以下简称"客服人员"）的工作范畴包括四个方面：解答客户的咨询、处理商品售后问题、促进商品销售和监控管理运营。

1. 解答客户的咨询

从商业本质来讲，跨境电商是零售业的分支。基于零售业的特点，卖家必然会面临买家提出的各种关于商品和服务的咨询。客服人员要解答的咨询问题主要包括以下两类。

（1）解答关于商品的问题

从整体上来说，我国跨境电商行业的商品具有自己的特点，主要表现在以下方面。

第一，商品种类繁杂，从早期的 3C 商品、玩具到后期的服装、配饰、家居用品、运动用品等，我国跨境电商涉及的商品品类不断丰富，常见的日常消费用品基本被涵盖在内。

第二，与传统电商店铺往往只销售一至两个专业品类不同，跨境电商境外买家对"店铺"没有强烈的概念认知，早期的电商平台只是松散的"商品链接"。因此，在跨境电商中，同一个卖家经营的商品往往会涉及多个品类、多个行业，这使得跨境电商客服人员的工作更加复杂。

第三，境内境外商品规格存在较大的差异。以服装尺码为例，就存在中国尺码、美国尺码和欧洲尺码的区别；又如电子设备的标规问题，美国、欧洲、日本电器的电压均与中国电器的电压存在差异，即使一个简单的电源插头，各国（地区）的标规也存在诸多差异，从我国卖出去的电器能用于澳大利亚的电源插座，但到了英国也许就不能使用。

因此，跨境电商客服人员在解决客户关于商品的问题时就会面临比较复杂的问题，而不管问题多么复杂，他们都应该为客户提供完美的解答和可行的解决方案，这也增加了跨境电商卖家对客服人员培训的难度。

（2）解答关于服务的问题

服务实现更加复杂是跨境电商行业的另一个特点，当跨境电商卖家面临国际物流运输、海关申报清关、运输时间及商品的安全性等问题时，其处理过程会更加复杂。而当境外客户收到商品后，在使用商品的过程中遇到问题时也需要客服人员具备优秀的售后服务能力来为自己提供有效的解决方案，从而获得良好的购物体验。

2. 处理商品售后问题

在跨境电商交易中，通常情况下，买家在下单之前很少与卖家进行沟通，这就是业内所说的"静默下单"。卖家要做的是在商品描述页上借助文字、图片、视频等对商品进行详细、

透彻的介绍，并说明能够提供的售前、售后服务，而这些内容都将成为卖家向买家做出的不可改变、不可撤销的承诺。

在传统电商交易中，大多数买家在下单前都会与客服人员进行沟通，咨询商品库存、商品是否可以提供折扣或赠品等问题；而在跨境电商交易中，买家往往是"静默下单"，即时付款，这在一定程度上减少了卖家的工作量。

在跨境电商交易中，当买家联系卖家时，往往是商品或者物流运输出现了问题，或者其他服务方面出现了重大问题，而买家无法自己解决这些问题，这就导致了一个问题：在跨境电商交易中，一旦买家联系客服，通常就是投诉。

统计发现，许多卖家每天收到的邮件大约有 70%都是关于商品和服务的投诉，也就是说，跨境电商客服人员的日常工作主要是解决各种售后问题。

3．促进商品销售

在跨境电商交易中，如果客服人员能充分发挥主动性，主动促成订单交易，就能为企业和团队带来利润。速卖通在成立之初的定位是"面向欧美市场的小额批发网站"，其经过不断发展，目前已经成长为一个完善的跨境电商 B2C 零售平台，订单以面向俄罗斯、巴西等国家或欧美等地区的零售型商品为主。

在跨境电商平台上有一些买家的购物模式通常是先挑选几个中国店铺采购小额的样品，待确认样品的质量、款式及卖家的服务水平之后，才会尝试下笔大额订单，随后逐渐与中国卖家发展成稳定的"采购—批发供应"关系。而这些买家与中国卖家的接触往往是通过客服人员进行的，所以优秀的客服人员需要具备营销意识和营销技巧，才能将零散买家中的潜在批发买家发展为实际、稳定的长期客户。

4．监控管理运营

由于跨境电商具有跨境交易、订单零碎的特点，因此在商品的开发、采购、包装、仓储、物流、海关清关等环节就容易出现混乱的情况，尤其是在这些环节出现问题后，企业和团队无法确认责任到位，更容易导致问题进一步恶化。如果企业和团队中存在的缺陷长期无法被发现并得到有效解决，它将会随时给团队带来损失。因此，一个企业和团队必须建立一套完整的问题发现和解决机制，以便在出现问题之后能及时、有效地进行处理。

在跨境电商交易中，客服人员就适合充当发现问题的角色。客服人员不一定要直接参与团队的管理，他们能够直接接触到广大买家，通过聆听买家提出的问题，可以最先发现企业和团队中的问题。

跨境电商客服人员必须发挥监控管理运营的职能，定期将买家提出的问题进行分类总结，并及时向销售、采购、仓储、物流等环节的主要负责人反馈，为这些部门的决策者进行岗位调整和工作流程优化提供第一手的重要参考依据。

9.1.2　合格客服人员应具备的技能

在跨境电商交易过程中，客服人员发挥着举足轻重的作用，对交易的圆满完成有着至关重要的影响。一名合格的客服人员应具备以下几个必要的职业技能。

1．专业的行业和商品知识

客服人员必须要对自己所经营的整个行业和商品有足够的了解。无论是商品的用途、材质、尺寸，还是商品使用注意事项，都是客服人员必须了解并熟记于心的。此外，客服人员要对不同国家和地区之间商品规格的不同规定有清晰的认知，在面对境内外服装尺码存在巨大差异的情况下，能够给境外买家推荐合适尺寸的服装；在面对境内外电器类商品的电压、电流、插头等各项规格不同的情况下，可以为境外买家推荐能够正常使用的电器。

2．充分了解跨境电商平台的相关交易规则

客服人员要充分了解各个跨境电商平台的交易规则，不可违背规则进行操作。只有熟悉各个平台的规则，才能在面对各种情况时做到镇定自若、按部就班，并妥善地解决问题，确保交易有条不紊地进行。

此外，客服人员还要在不违背相关交易规则的前提下，熟练掌握各项交易操作，包括修改商品价格、修改评价、关闭交易、申请退款等。

3．透彻掌握跨境电商交易各个环节的运作流程

客服人员要充分了解跨境电商交易中商品开发、物流运输、海关清关等环节的运作流程，以便在买家提出疑问时能够及时准确地做出解答，进而促成买家下单。

4．处理问题时妥善控制损失的能力

无论何种商业模式，当产生投诉时，经营者必须采取合适的处理方案，而这些处理方案往往会产生一些售后成本。

在传统电商交易中，商品出现问题后一般采取退货或换货的方式来处理，其售后成本仅有运费，卖家和买家可以协商由谁来承担。但是，在跨境电商交易中，距离远、运输周期长、运输成本高，如果商品出现问题时采取退货或换货的解决方式，将会产生高昂的运费，有时退货运费甚至会高过商品本身的价格。在这种情况下，卖家和买家都不愿意承担高额的退货运费，此时采取退货或换货的解决方式就不再适用。

由此可见，跨境电商的售后处理方式与传统电商的售后处理方式完全不同，一旦商品出现问题，常见的处理方案就是退款或免费重发商品，而在这些处理方案中，卖家需要承担的成本也不同。一名合格的客服人员需要从多种处理方案中引导买家选择对卖家来说成本最低的处理方案。

5．发现潜在大客户的敏锐性

客服具有促进商品销售的职能，这就需要客服人员具备发现潜在大客户的敏锐性。虽然该技能不是一朝一夕就能练就的，但还是有一些技巧可循的。例如，与普通客户相比，潜在的批发客户更加重视卖家商品种类的丰富度、商品线的备货供应情况及购买数量较大时是否可以提供折扣等。

简单来说，批发客户重视的是在与我国卖家的合作中能够获得最大的利润空间，以及能够获得丰富、稳定的商品供应。因此，供货稳定、批发折扣力度大、运输方案灵活的卖家更容易获得批发客户的青睐。依据这样的思路，客服人员可以在与客户沟通交流的过程中不断观察和总结，培养自己发现潜在大客户的敏锐性。

6．了解商品交易的成本预算

在跨境电商交易过程中，客服人员会遇到物流成本、商品成本计算等问题，这就需要客服人员充分掌握企业所经营商品的成本状况、运输方式的选择，以及各项费用的计算等技能。

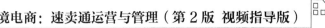

7．了解各种付款、物流方式及流程

客服人员要对各种跨境支付方式有一定程度的了解，清楚相关的付款流程。一旦买家在付款环节出现问题，客服人员能够正确地引导买家解决问题。

为了能够及时地将商品运送到买家手中，和物流打交道是必不可少的。对于业务量比较大的大卖家来说，一般情况下不会只和一家物流公司合作。不同的物流公司有着不同的特点和优势，不同的买家也有不同的需求，这就需要卖家与多家物流公司合作。

在物流方面，客服人员的主要任务就是了解常用的几家物流公司的优缺点，根据不同情况选择不同的物流公司。另外，还要了解不同的物流方式在速度上的区别，以及物流方式的查询方法。客服人员可以在手边准备一份不同物流公司的联系方式，以便在最短的时间内联系到不同物流公司的相关人员。

为了有效应对可能发生的意外情况，除了以上准备工作以外，客服人员还应对包裹的撤回、地址更改、状态查询、保价、问题件退回、索赔处理等情况有所了解，以保证在发生意外情况时能第一时间做出反应，将卖家和买家的损失降到最低。

8．及时发现问题并向上反映的能力

客服承担着监控管理运营的职能，应该有一套完整的"发现—统计—反馈"问题的制度。客服人员通过客户的投诉发现问题，并将各类问题进行分类，明确问题涉及的具体部门，同时统计损失情况。

在具体操作时，客服人员可以通过创建 Excel 表格将遇到的问题分门别类地进行统计，包括日期、订单号、问题描述、处理办法、涉及费用、涉及部门等（见图 9-1），以便管理者对问题进行筛选与总结，并寻找解决管理漏洞的方法。

	A	B	C	D	E	F
1	日期	订单号	问题描述	处理办法	涉及费用	涉及部门
2	7月15日	######	帽子的颜色发错，客户要的是黑色，错发成灰色	全额退款	商品费用，5美元	仓储部
3	8月2日	######	裙子的尺寸不合适，尺寸太小	重发	运费，3美元	仓储部
4	8月30日	######	地址发错，应该是黎巴嫩，错发至阿根廷	重发	运费，4美元	IT部门

图 9-1　问题统计 Excel 表格

一般来说，问题统计以一周或半个月为一个周期进行汇报。为了使问题得到及时的解决，客服人员在发现问题后往往还需要与问题涉及的相关部门进行沟通，要求该部门及时改正错误，并防止类似错误再次发生。

9．与其他部门协调沟通的能力

无论是对问题分类统计后向上级汇报，还是与问题涉及部门进行沟通，客服人员都扮演了重要的"交易信息提供者"的角色。客服人员要具备与其他部门协调沟通的能力。同时，管理者也应该对客服人员进行培训，帮助他们处理好与各部门沟通的问题，同时让其他部门的工作人员意识到客服人员所反馈的问题对整个团队健康发展的重要性。

素养提升

客户服务的本质是以客户为中心，不断挖掘其需求，并持续提高客户满意度的过程。在开展客户服务工作的过程中，运营者要坚持以人为本的指导思想，以满足客户需求为出发点，为客户提供多样化、个性化的服务。同时，运营者还要培养善于发现客户、倾听客户、了解客户的能力，树立强烈的服务意识，在服务细节上出奇制胜。

9.2　做好客户服务的策略

优质的客户服务是提升买家的购物体验、提高转化率、促进买家二次购买的有效保证，这需要卖家通过做好客户服务来提高买家满意度，并能有效地进行二次营销。

9.2.1　提高买家满意度

买家满意度是指买家通过对一件商品的可感知效果与其期望值进行对比，所形成的愉悦或失望的感觉状态。较高的买家满意度会给卖家带来更多的重复购买，吸引其他买家快速下单，同时还能间接地提升商品的排序，增加商品的曝光度，帮助卖家获得更好的资源。

在跨境电商交易过程中，影响买家满意度的因素主要有商品质量、物流速度、物流服务、交易沟通和售后服务等。卖家可以考虑从以下几个角度提高买家满意度，提升交易过程中买家的购物体验。

1．商品信息描述尽量详细、完整

通常来说，买家希望从商品信息描述中了解商品，包括商品实物图片（如全图、细节图、包装图、使用过程效果图等），商品的特点、优势和卖点，商品的具体使用说明，商品的包装信息，商品的配件，下单后的付款方式，成交后的物流方式，能享受的售后服务，商品纠纷、退款等方面的承诺，以及卖家的实力背景与信誉情况（如其他买家对商品的评价）等。

因此，卖家在商品信息描述中要尽可能包含以上信息，这需要做好两方面的工作：一是标题内容要详细，尽可能包含售后服务、质量保证等信息，可以将商品的信用保证、商品材质及特点、商品名称、免邮等信息写到标题中；二是商品信息描述要完整，包括商品的功能、参数、品类、使用方法等重要内容，同时也尽可能将售后服务、质量保证、承诺、注意事项等内容表述得详细、完整。

2．快速、及时地回复询盘

回复询盘要礼貌、简洁、清晰、直截了当，切勿啰唆，避免在来回沟通的过程中错失商机。

3．与买家保持良好的沟通

在跨境电商交易中，买卖双方的沟通是非常必要的，特别是当买家对卖家的某件商品感兴趣时，就会多问一些问题，以便更清楚地了解该商品。当卖家遇到买家咨询问题时，应积极地回应与沟通，同时留意是否因为商品信息描述没有说清楚等才造成买家对商品产生疑问。如果是，则需要修改相应的商品信息描述。

如果在与买家沟通的过程中出现误会或争执，卖家一定要冷静地寻找原因。一般来说，可能是因为商品信息描述有歧义、多人操作店铺账号没有对买家的要求及时备案等。只要卖家与买家进行耐心的沟通，多数情况下都可以消除误会。

4．为买家提供优质的物流体验

物流体验包括发货速度、物流运送时间、货物完整与否及送货员的服务态度等。要想为买家提供优质的物流体验，卖家可以从以下三方面入手。

（1）选择合适的物流

不同国际物流的服务重点有所区别，且不同国家及地区的买家对物流的要求也不同。例如，印度人对时间的要求不高，他们对是否准时送达的要求也比较低，但德国人的时间观念完全相反。因此，卖家要结合买家的需求，以及买家所处的国家及地区的人文习惯来选择合适的物流公司和物流方式，最好与买家沟通，一起确定物流公司和物流方式。

（2）发货及时

买家希望能够尽快收到自己购买的商品，所以当买家付款后，卖家最好能在最短的时间内发货。发货后要及时填写物流单号，并第一时间联系买家，告知对方物流运送情况。

（3）做好物流跟踪

做好物流跟踪，并及时与买家联系，确认货物的送达及反馈。

5．为买家提供高质量的商品

要为买家提供高质量的商品，卖家应采取以下措施？如图9-2所示。

> 1 发货前要检查商品的状态，尽可能避免寄出残次品。
>
> 2 避免出现商品信息描述与商品实际状况不符的情况。如果买家收到的实际商品与商品图片差别较大，很容易影响买家的购物体验，甚至引发纠纷和投诉。
>
> 3 注重商品的包装，专业、整洁并注重细节的包装能够提升买家的认可度，使买家留下优质商品的第一印象。
>
> 4 随商品附赠礼品，给买家创造意外的惊喜，这会给买家留下较好的购物印象，有利于提高买家的回购率。

图9-2　为买家提供高质量商品的工作措施

6．做好售后服务，及时处理纠纷

圆满地结束一笔交易后，后续跟进的优质售后服务是给买家留下深刻印象及区别于其他卖家服务的重要方式。跨境电商卖家可以从以下几个方面做好售后服务的后续跟进工作，如图9-3所示。

> 1 承诺的售后服务一定要兑现。
>
> 2 在买家收到商品后，可以联系买家做一次确认。
>
> 3 做好定期客情维护，卖家可以在节假日定期向买家送去祝福及问候，让其心中感到温暖。
>
> 4 如果买家对自己做出了好评，专家不要忘记向买家表示感谢
>
> 5 当出现纠纷时，卖家要主动、及时地进行沟通并努力消除误会，争取给出令买家满意的结果，并对不良评价及时做出解释。

图9-3　售后服务后续跟进工作的技巧

9.2.2　做好二次营销

在大卖家的交易额中，老买家会占据一半甚至更多的份额。要想保持稳定增长的交易额并成长为大卖家，做好老买家的二次营销是非常关键的。

1．寻找重点买家

一次简单的交易是从买家下单到买家确认并给予好评后就结束了。要想成为一个优秀的卖家，交易结束后仍有很多事情需要做。卖家通过对买家交易数据的整理，可以识别出那些有潜力持续交易的买家和有机会做大单的买家，更有针对性地维系关系并为其推荐优质商品，从而使这些老买家持续、稳定地下单。

在寻找重点买家时，可以从以下两个方面出发。

（1）分析买家评价

首先，通过分析买家购物之后的商品评价，可以判断出买家的性格。例如，有的买家对商品的评价非常认真，会详细阐述商品的质量、包装、物流等情况，这类买家一般对商品的要求比较严格。其次，还可以从买家的文字风格中判断买家的性格或脾气。

如果卖家能够摸清买家的性格或脾气，可以积极地调整自己的沟通方式，这样更利于双方顺利沟通。

（2）分析买家购买记录

很多有经验的卖家都会通过 Excel 对买家订单进行归类整理，根据每个买家的总订单数、累计交易金额、最近消费时间、好评率、买家所在国家及地区等维度来寻找重点客户，如图 9-4 所示。

	A	B	C	D	E	F	G
1	买家昵称	买家国家及地区	总订单数	累计交易金额／美元	平均订单金额／美元	最近消费时间	好评率
2	Jimmy	俄罗斯	12	2656	221.3	2023－3－18	91.70%
3	Glen	阿根廷	34	3568	104.9	2023－4－29	94.10%
4	Maurie	美国	8	265	33.1	2021－11－12	100.00%
5	Fernando	俄罗斯	3	693	231	2021－5－10	100.00%
6	Gavin	英国	1	25.8	25.8	2019－11－23	0.00%

图 9-4　客户订单归类整理

除了可以分析自己店铺中买家的购买记录之外，还可以从其他店铺中挖掘买家，重点关注其他店铺中购物三次以上或采购金额较大的买家，并对其进行分类管理。

对买家进行分类管理，既能帮助卖家抓住重点买家，也能降低卖家维系买家的成本。有些成功的大卖家会在与买家联系的过程中主动了解买家的背景、喜好和所购商品，从中识别出具有购买潜力的大买家，为后期获取大订单打下良好的基础。

2．选择合适的二次营销时机

卖家开展二次营销的时机主要有四种，如图 9-5 所示。

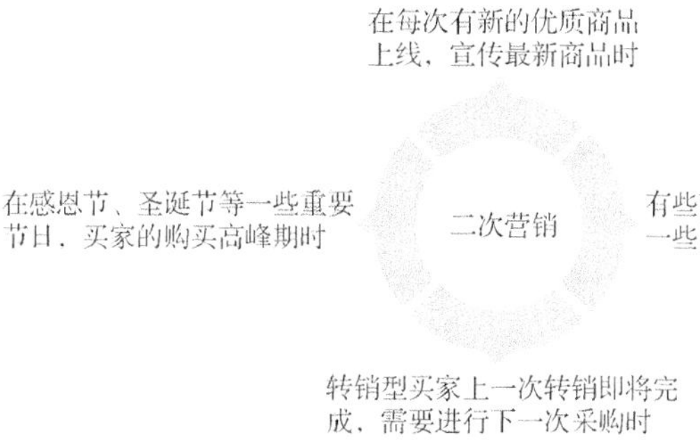

在每次有新的优质商品上线，宣传最新商品时

在感恩节、圣诞节等一些重要节日，买家的购买高峰期时　二次营销　有些商品在进行特价销售，做一些让利买家的促销活动时

转销型买家上一次转销即将完成，需要进行下一次采购时

图 9-5　二次营销的时机选择

在这些重要的时间点，卖家可以主动出击，展开对买家的二次营销，能让卖家获得老买家稳定的交易量，从而更好地增加店铺的交易额。

3．注意沟通的时间点

由于时差的缘故，中国卖家在日常工作（北京时间8:00—17:00）时，会发现大部分境外买家的即时通信工具都处于离线状态。虽然境外买家不在线，卖家也可以通过留言联系买家，但是建议卖家尽量选择买家在线时进行联系，这意味着卖家要学会利用晚上的时间联系境外买家，因为这个时候买家在线的可能性更大，沟通效果也更好。

4．利用多种方式主动联系重点买家

识别重点买家之后，卖家要做的就是更好地掌控重点买家的购买力。卖家可以通过Facebook、即时沟通工具、站内信、留言等方式主动联系重点买家，如表9-1所示。

表9-1　联系重点买家的方式

联系方式	具体操作
Facebook	创建Facebook账号，在账号中发布商品详情广告、营销邮件或售后卡片来吸引粉丝关注。在积累了一定数量的粉丝后，根据粉丝的消费特征、消费偏好等创建粉丝群，针对不同群中粉丝的特点定期发送具有针对性的商品信息
即时沟通工具	在即时沟通工具中添加买家账号，并创建买家群组，定期向其推荐新品、爆款、促销活动商品等
站内信	针对曾经有过询盘但未购买商品的潜在买家，要积极地分析他们的需求，制作潜在买家信息表，并向其推荐符合其询盘要求的商品
留言	针对曾经有过留言互动且对商品留有好评的买家，要建立优质买家表，并定期向其推荐新商品

 询盘沟通

在与买家沟通的过程中，卖家要做到回复及时、专业，且要保持礼貌的态度，回复内容要简洁、清晰，这样才能为买家提供优质的购物体验，进而提高转化率。

▎9.3.1　询盘沟通常用工具

卖家与买家进行沟通需要使用相应的工具，在速卖通平台上，常用的沟通工具有即时聊天工具、站内信和社交媒体。

1．即时聊天工具

速卖通IM（Instant Messaging）是速卖通平台提供的一款在线即时聊天工具，为卖家提供在线即时沟通、消息管理、快捷短语设置、自动回复设置等服务。借助IM，卖家可以与买家实现在线即时沟通，自动为买家提供咨询等。

2．站内信

速卖通平台设置有站内信功能，用于卖家与买家建立联系，回答买家的咨询。

3．社交媒体

对于跨境电商卖家来说，社交媒体不仅是开展营销推广的有效工具，而且是与买家建立联系、保持沟通的良好渠道。例如在Facebook账号中，卖家可以与买家进行连线对话，也可以向添加自己为好友的买家推送消息；Twitter允许用户使用手机以短信的形式向自己的"Followers"（关注者）发送信息，也允许卖家使用Twitter账户绑定即时通信软件。

9.3.2　询盘沟通的原则

在跨境电商交易中，顺畅的沟通非常重要。专业、即时、流畅的询盘回复能够让卖家显得更加专业，并且能够提高成交的可能性。

在回复买家询盘时，卖家应当遵守的原则如图 9-6 所示。

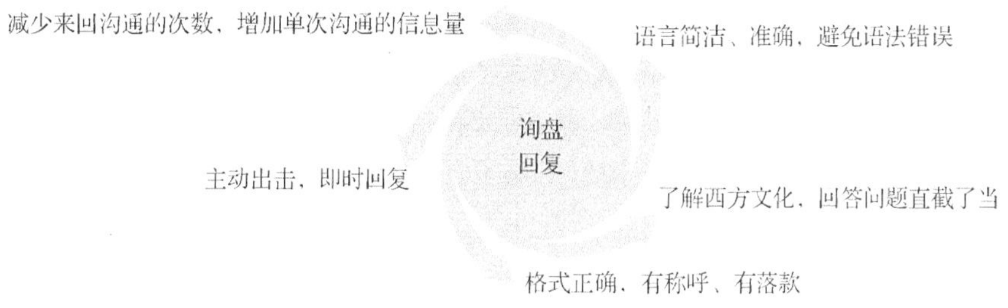

减少来回沟通的次数，增加单次沟通的信息量　　　　语言简洁、准确，避免语法错误

询盘
回复

主动出击，即时回复　　　　了解西方文化，回答问题直截了当

格式正确、有称呼、有落款

图 9-6　询盘沟通的原则

此外，卖家在回复买家询盘的过程中，还要做好以下几点。

1．对每个买家的提问都要积极回复

如果卖家销售单品售价高或功能复杂的商品，如 3C 类商品，可能会收到不少询问；如果卖家商品信息描述不够详细，毫无疑问收到的买家询问会更多。在买家的询问中，有不少有效的询盘，同时也有很多无效的询盘。

在这种情况下，卖家很容易产生懈怠，以致对大量的询盘草草应付。更甚者，某些买家的咨询会让卖家怀疑他们根本就没看商品描述，或者根本没有购买意向。尽管如此，还是建议卖家回答所有买家的提问，这样才能提高商品成交的可能性。买家在某件商品上花费的时间越多，那么他就越倾向于购买这件商品。卖家不仅要积极回复每个买家的提问，还要吸引他们在这件商品上多花时间，这样才能大大提高成交的概率。

2．在买家购买高峰期保持在线

售前沟通的主要内容包括买家对商品信息、物流信息、退换货政策等方面的询问。建议卖家在买家购买高峰期保持速卖通 IM 在线，以便及时对买家的询盘进行回复。

由于时差的关系，买家的购买潜伏期一般是 15:00—22:00（北京时间），此时买家会浏览相关商品，询问一些商品的相关信息；买家的购买高峰期是 00:00—5:00（北京时间），买家的询盘也会集中在这个时段。速卖通平台的调查表明，如果在买家询问 30 分钟内回复其询盘，订单的成交率会提高很多。

3．注意回复内容的细节

在回复买家时，有些细节需要卖家注意，具体包括以下几点。

（1）买家的名字

买家的名字要写正确，这是最基本的，也是最容易被忽视的。

（2）称呼

可以使用"Dear ×"进行统称，但如果已经和买家比较熟悉，可以使用 Hi、Hello 这样的用语，从而显得更加亲密。

（3）问候语

卖家在与某个买家初次沟通时用上问候语，如"How are you doing?""How are you today?""I wish you are doing well."等，可以获得该买家的好感。

（4）内容

回复的内容一定要言简意赅，语言简洁明了，用简单易懂的语言将自己的意思表达清楚，切忌长篇大论。

此外，要合理分段、分层，并将最重要的信息放在正文的最前面，让买家在一开始就能看到。

4．态度不卑不亢

卖家在与买家沟通时的态度要不卑不亢。虽然卖家始终要将买家放在第一位，但过于谦卑会让自己失去主动权，特别是在一些问题的谈判中会让自己处于被动地位。交易双方是平等的，卖家需要买家，但买家同样需要好的卖家，没有卖家的支持，他们也很难买到自己想要的商品。

9.3.3　询盘沟通模板

用英文与买家沟通，最重要的是做到三点：一是清楚，即用词准确，主旨清晰；二是简洁，用简短的语句做清楚的表达，尽量避免使用过于复杂的词汇；三是礼貌，英文书写要使用一定的礼貌用语。下面提供一些常用的沟通模板，供卖家借鉴参考。

1．售前沟通

售前沟通主要是向买家解答关于商品信息（如价格、数量、库存、规格型号、用途）、运费、运输等方面的问题，促使买家尽快下单。

（1）买家光顾店铺查看商品

Hello, my dear friend. Thank you for visiting our store, you can find what you want from our store . If we don't have the item, please tell us and we will spare no effort to find it. Good luck.

译文：您好，我亲爱的朋友。感谢您来到我们的店铺，您可以从我们的店铺中找到您所需要的商品。如果没有，请告诉我们，我们将尽全力帮您找。祝您好运。

（2）买家询问商品价格和库存

Dear ×,

Thank you for your inquiry. Yes, we have this item in stock. How many do you want? Right now, we only have × color and × style left. Because they are hot selling items, the product has a high risk of selling out soon. Can you please place your order as soon as possible? Thank you!

译文：亲爱的×，谢谢您的咨询。您现在浏览的商品有现货，您要多少件？现在我们只有×颜色和×款式。因为这款商品非常热销，很快就有可能脱销。请您尽快下单，谢谢！

（3）提醒买家尽快确认订单

Dear friends:

Thank you for your order, if you confirm the order as soon as possible, I will send some gifts. A good news: Recently there are a lot of activities in our store. If the value of goods you buy count to a certain amount, we will give you a satisfied discount.

译文：

亲爱的朋友：

谢谢您的惠顾，如果您能尽快确认订单，我们将会赠送一份礼物。有一个好消息：我们店铺最近有很多活动。如果您购买的商品达到一定数量，我们将给您一个满意的折扣。

（4）接单后请求买家确认订单

Dear friends:

Thank you very much for your order, in order to ensure the accuracy of your order,please confirm the following basic information:

① Please check your receipt address is correct.

② Product name or number:

Color:

Quantity:

Transportation way:

After you confirm the correct order, we will arrange the shipment at the first time.

Thank you very much!

译文：

亲爱的朋友：

非常感谢您的订单，为了确保您订单的准确性，请确认以下基本信息：

① 请检查您的收件地址是否正确；

② 商品名称或编号：

颜色：

数量：

运输方式：

您确认订单正确后，我们将在第一时间安排发货。

非常感谢！

（5）下单但未付款追踪

Dear friend,

We have got your order of ×, but it seems that the order is still unpaid. If there's anything I can help with the price, size, etc., please feel free to contact me. After the payment is confirmed, I will process the order and ship it out as soon as possible. Thanks! Best Regards.

译文： 亲爱的朋友，我们已收到您的订单×（商品名称、数量等），但订单似乎未付款。如果在价格和尺寸上我有什么能帮助的，请随时与我联系。付款完成后，我们会尽快处理订单并发货。谢谢！致以最亲切的问候。

（6）货物断货

Dear friend,

We are very sorry that item you ordered is out of stock at the moment. I will contact the factory to see when it will be available again. I would like to recommend some other items of similar styles. Hope you like them too. You can click on the following link to check them out ×× （link：＿＿＿＿）. If there's anything I can help with, please feel free to contact us. Thanks! Best Regards!

译文： 亲爱的朋友，很抱歉，您订购的商品目前缺货。我会与工厂联系看什么时候能补货。我想推荐一些其他类似款式的商品，希望您也喜欢。您可以点击以下链接查看××（链接：＿＿＿＿）。如果有什么我可以帮忙的，请随时与我联系。谢谢！致以最亲切的问候！

（7）提供折扣

Dear friend,

Thanks for your message. Well, if you buy both of the × items, we can offer you a × % discount. Once we confirm your payment, we will ship out the items for you in time.

Please feel free to contact us if you have any further questions.

Thanks & Best regards!

译文：亲爱的朋友，感谢您的留言。如果您购买两件×商品，我们可以给您×%的折扣。一旦我们确认您已付款，我们将及时发货。如果有任何问题，请随时与我们联系。谢谢，并致以最亲切的问候！

（8）买家议价

Dear friend,

Thank you for taking interests in our item. I'm afraid we can't offer you that low price you bargained as the price, we offer has been carefully calculated and our profit margin is already very limited. However, we can offer you a × % discount if you purchase more than × pieces in one order. If you have any further questions, please let me know. Thanks!

译文：亲爱的朋友，感谢您对我们的商品感兴趣。很抱歉，我们不能同意您所报的低价，因为我们的报价是经过仔细计算的，我们的利润空间已经很有限了。但是，如果您一次订购×件以上，我们可以给您×%的折扣。如果您还有什么问题，请告诉我。谢谢！

（9）买家要求免运费

Dear friend,

Sorry, free shipping is not available for orders sent to ×. But we can give you a ×% discount of the shipping cost.

译文：亲爱的朋友，很抱歉，寄到×的订单不提供免费送货服务。但我们可以在运费上给您×%的折扣。

（10）买家希望提供免费样品，而公司不支持提供免费样品

Dear ×,

Thank you for your inquiry,I am happy to contact you.

Regarding your request, I am very sorry to inform you that we are not able to offer free samples. To check out our products we recommend ordering just one unit of the product (the price may be a little bit higher than ordering by lot). Otherwise, you can order the full quantity. We can assure the quality because every piece of our product is carefully examined by our working staff. We believe trustworthiness is the key to a successful business.

If you have any further questions, please feel free to contact me.

Best Regards,

(Your name)

译文：亲爱的×，谢谢您的询问，我很高兴与您联系。

关于您的要求，我很抱歉地通知您，我们无法提供免费样品。为了检验我们的商品，我们建议只订购一件商品（价格可能比批量订购稍高）。除此以外，您可以订购全部数量。我们可以保证质量，因为我们的每一件商品都经过工作人员的仔细检查。我们相信信誉是企业成功的关键。

如果您有任何问题，请随时与我联系。

致以最亲切的问候，

（您的名字）

（11）没有好评，买家对你的商品表示怀疑

Dear friend,

I am very glad to receive your message. Although I haven't got a high score on aliexpress, I've been doing business on eBay for many years and I am quite confident about my products. Besides, since aliexpress offers Buyer Protection service which means the payment won't be released to us until you are satisfied with the product and agree to release the money. We sincerely look forward to establishing long business relationship with you. Regards.

译文： 亲爱的朋友，我很高兴收到您的信息。虽然我在全球速卖通上的评分不高，但我在 eBay 上做了很多年的生意，我对我的商品很有信心。另外，由于全球速卖通提供的是第三方担保支付服务，这意味着在您对产品满意并同意付款之前，货款不会支付给我们。我们真诚地期待与您建立长期的业务关系。向您表示问候。

2. 售中沟通

售中沟通主要是发货确认，告知买家商品的物流信息，让买家掌握商品的动向。

（1）买家下单后发确认订单

Dear buyer,

Your payment for item ××× has been confirmed. We will ship your order out within × business days as promised. After doing so, we will send you an E-mail notifying you of the tracking number. If you have any other questions, please feel free to let me know. Thanks!

Best Regards.

译文： 亲爱的买家，您订单编号为×××的款项已收到。我们将在承诺的×个工作日内发货。发货后，我们将发一封电子邮件通知您货运单号。如果您还有其他问题，请随时告诉我。谢谢！

致以最亲切的问候。

（2）已发货并告知买家

Dear ×,

Thank you for shopping with us.

We have shipped out your order (order ID: ×××) on Feb.10th by EMS. The tracking number is ×××. It will take 5～10 workdays to reach your destination, but please check the tracking information for updated information. Thank you for your patience!

If you have any further questions, please feel free to contact me.

Best Regards,

(Your name)

译文： 亲爱的×，感谢您在我们店铺购物。

您的订单（ID：×××）已于 2 月 10 日由 EMS 发货。货运单号是×××。到达您的目的地需要 5～10 个工作日，请查看最新的物流信息。谢谢您的耐心等待！

如果您有任何问题，请随时与我联系。

致以最亲切的问候，

（您的名字）

（3）海关出现问题

Dear friends,

We received notice of logistics company, now your customs for large parcel periodically inspected strictly. In order to make the goods sent to you safety, we suggest that the delay in shipment, wish you a consent to agree. Please let us know as soon as possible, Thanks.

译文：亲爱的朋友，我们接到物流公司的通知，现在你们的海关对大量邮包进行定期的严格检查。为了使货物安全地送达您处，我们建议延迟几天发货，希望征得您的同意。希望能尽快得到您的回复，谢谢。

（4）订单超重导致无法使用小包免邮的回复

Dear ×,

Unfortunately, free shipping for this item is unavailable, I am sorry for the confusion. Free shipping is only for packages weighing less than 2kg, which can be shipped via China Post Air Mail. However, the item you would like to purchase weighs more than 2kg. You can either choose another express carrier, such as UPS or DHL (which will include shipping fees, but which are also much faster). You can place the orders separately, making sure each order weighs less than 2kg, to take advantage of free shipping.

If you have any further questions, please feel free to contact me.

Best Regards,

(Your name)

译文：亲爱的×，非常遗憾，您的这笔订单是无法免费送货的，很抱歉给您造成了困惑。只有重量小于 2kg 的包裹才可以包邮，通过中国邮政航空邮件发运。然而，您购买的商品重量超过 2kg。您可以选择另外一家物流公司，如 UPS 或 DHL（其中包括运输费，但这也很快）。您可以分开下单，确保每个订单的重量小于 2kg，这样就可以包邮了。

如果您有任何问题，请随时与我联系。

致以最亲切的问候，

（您的名字）

（5）因为物流风险，卖家无法向买家国家或地区发货

Dear ×,

Thank you for your inquiry.

I am sorry to inform you that our store is not able to provide shipping service to your country. However, if you plan to ship your orders to other countries, please let me know, hopefully we can accommodate future orders.

I appreciate for your understanding!

Best Regards,

(Your name)

译文：亲爱的×，谢谢您的询问。

我很抱歉地通知您，我们的店铺不能为您的国家提供货运服务。但是，如果您计划将订单发往其他国家，可以联系我们，希望能再次为您服务。

致以最亲切的问候，感谢您的理解！

（您的名字）

（6）发货几天后买家说没有物流信息

Dear friend,

We sent the package out on ××××, and we have contacted the shipping company and addressed the problem. We have got back the original package and resent it by UPS. The new tracking number is ×××. I apologize for the inconveniences and hopefully you can receive the items soon. If you have any problems, don't hesitate to tell me.

译文：亲爱的朋友，我们已经在×月×日发送包裹，根据您的反馈，我们已经联系航运公司并确认问题。我们已经取回原来的包裹并由 UPS 重新寄送。新的货运单号是×××。很抱歉给您带来不便，希望您能尽快收到。如果您有任何问题，尽管告诉我。

（7）物流遇到问题

Dear ×,

Thank you for your inquiry, I am happy to contact you.

We would like to confirm that we sent the package on October 6, 2022. However, we were informed package did not arrive due to shipping problems with the delivery company. We have resent your order by EMS, the new tracking number is ×××. It usually takes 7 days to arrive to your destination. We are very sorry for the inconvenience. Thank you for your patience.

If you have any further questions, please feel free to contact me.

Best Regards,

(Your name)

译文：亲爱的×，谢谢您的询问，很高兴与您联系。

我们想确认一下，我们是在 2022 年 10 月 6 日寄出的包裹。然而，由于快递公司的运输问题，我们被告知包裹并没有送达。我们已经通过 EMS 重新发出您的包裹，新的运单号码是×××。到达您的目的地通常需要 7 天的时间。很抱歉给您带来不便。谢谢您的耐心。

如果您有任何问题，请随时与我联系。

致以最亲切的问候，

（您的名字）

3．售后沟通

售后沟通主要是买家收到商品之后的一系列问题，包括退换货问题、买家确认收货及买卖双方互评。

（1）询问是否收到货

Dear friend,

According to the status shown on EMS website, your order has been received by you. If you have got the items, please confirm it on aliexpress.com. If not, please let me know. Thanks! Best Regards.

译文：亲爱的朋友，根据 EMS 网站所显示的状态，您已收到货物。如果您已收到货物，请到 aliexpress.com 上确认。如果没有，请告诉我。谢谢！致以最亲切的问候。

（2）买家确认收货

Dear buyer,

I am very happy that you have received the order. Thanks for your support. I hope that you are satisfied with the items and look forward to doing more business with you in future.

By the way, it would be highly appreciated if you could leave us a positive feedback, which will be a great encouragement for us. If there's anything I can help with, don't hesitate to tell me.

Thanks!

译文： 亲爱的买家，很高兴看到您已收到货。感谢您的支持。希望您满意，并期待将来与您有更多的贸易往来。如果您可以给我们留下一个积极的反馈，我们将非常感激，因为这对我们来说是一个很大的鼓励。如果有什么我可以帮助的，不要犹豫，请告诉我。谢谢！

（3）买家收货后投诉商品有损坏

Dear friend,

I am very sorry to hear about that. Since I did carefully check the order and the package to make sure everything was in good condition before shipping it out, I suppose that the damage might have happened during the transportation. But I'm still very sorry for the inconvenience this has brought you. I guarantee that I will give you more discounts to make this up next time you buy from us. Thanks for your understanding. Best Regards.

译文： 亲爱的朋友，听到发给您的货物有残损，我很难过。我很仔细检查了包装确认没有问题才给您发货的，所以我想可能是在运输过程中发生了损坏。但我仍为给您带来的不便深表歉意。我保证当您下次购买时，我会给您更多的折扣来弥补损失。感谢您的理解。致以最亲切的问候。

（4）退换货问题

Dear friend,

I'm sorry for the inconvenience. If you are not satisfied with the products, you can return the goods back to us.

When we receive the goods, we will give you a replacement or give you a full refund. We hope to do business with you for a long time. We will give you a big discount in your next order.

Best regards!

译文： 亲爱的朋友，很抱歉给您带来不便。如果您对商品不满意，您可以退货。当我们收到货物时，会给您重新更换或全额退款。我们希望长期与您建立贸易关系。我们将会给您的下一个订单很大的折扣。

致以最亲切的问候！

（5）提醒买家给自己留评价

Dear friend,

Thanks for your continuous support to our store, and we are striving to improve ourselves in terms of service, quality, sourcing, etc. It would be highly appreciated if you could leave us a positive feedback, which will be a great encouragement for us. If there's anything I can help with, don't hesitate to tell me. Best Regards.

译文： 亲爱的朋友，感谢您一直以来对我们店铺的支持，我们正在改善我们的服务、质量与采购等。如果您可以给我们一个积极的评价，我们将不胜感激，这对我们来说是一个很大的鼓励。如果有什么我可以帮助您的，不要犹豫，请告诉我。致以最亲切的问候。

（6）收到买家好评

Dear friend,

Thank you for your positive comment. Your encouragement will keep us moving forward.

We sincerely hope that we'll have more chances to serve you.

译文：亲爱的朋友，感谢您的积极评价。您的鼓励是我们前进的动力。我们真诚地希望能有更多的机会为您服务。

（7）向买家推荐新品

Dear friend,

As Christmas/New year/…is coming, we found ╳ has a large potential market. Many customers are buying them for resale on eBay or in their retail stores because of its high profit margin. We have a large stock of ╳. Please click the following link to check them out ╳. If you order more than 10 pieces in one order, you can enjoy a wholesale price of ╳. Thanks. Regards!

译文：亲爱的朋友，随着圣诞节/新年/……的来临，我们发现╳商品有很大的潜在市场。由于利润率高，许多买家在 eBay 或他们的零售商店里购买这些商品，然后再转售。我们有大量的╳商品库存。请点击以下链接查看╳。如果您一次订购 10 件以上，可以享受╳的批发价。谢谢。致以最亲切的问候！

👤**素养提升**

文明是在互相交流与借鉴中不断发展的，文明交流应该是平等、多元、多向的，不同文明求同存异、开放包容，共同绘就了人类文明繁荣的壮丽篇章。跨境电商从业者要具有国家化视野，尊重世界文明多样性，以文明交流超越文明隔阂、文明互鉴超越文明冲突、文明共存超越文明优越。

课堂实操：设置买家会话

在买家会话工作台设置快捷短语、自动回复、常驻关键词的具体操作方法如下。

（1）进入速卖通店铺后台，单击"消息中心"按钮，如图 9-7 所示。

图 9-7　单击"消息中心"按钮

（2）进入买家消息页面，单击"设置"按钮◎，如图 9-8 所示。

图 9-8　单击"设置"按钮

（3）进入会话设置页面，单击"快捷短语列表"选项卡，再单击"添加"按钮，如图 9-9 所示。

图 9-9 单击"添加"按钮

（4）在弹出的"添加快捷短语"对话框中输入快捷短语，然后单击"确定"按钮，如图 9-10 所示。

图 9-10 输入快捷短语

（5）在会话设置页面中单击"自动回复"选项卡，进入自动回复设置页面，开启自动催单，再开启欢迎语设置，在"欢迎语文本内容"文本框中输入欢迎语，然后单击"保存"按钮，如图 9-11 所示。

图 9-11 输入欢迎语

（6）开启欢迎关键词，然后单击"添加"按钮，如图 9-12 所示。

图 9-12　开启欢迎关键词

（7）在弹出的"添加关键词"对话框中输入自定义的关键词，选择回复内容的类型，在此选中"文本"单选按钮，在下方文本框中输入回复的内容，然后单击"提交"按钮，如图 9-13 所示。

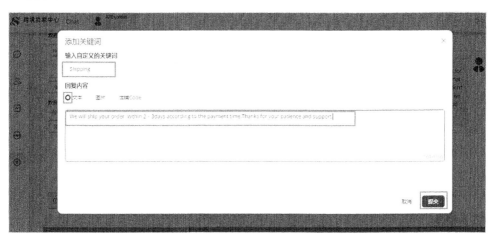

图 9-13　输入自定义的关键词和回复内容

（8）在会话设置页面中单击"常驻关键词设置"选项卡，单击"添加关键词"按钮，如图 9-14 所示。

图 9-14　单击"添加关键词"按钮

（9）在弹出的"添加关键词"对话框中选择关键词与回复内容，卖家可以添加的关键词包括"My Order"（订单查询）、"New Arrivals"（新品推荐）、"Hot Items"（热销爆款）、"Coupons"（优惠券），也可以自定义关键词，在此选中"My Order"单选按钮，设置展示场景，然后单击"确定"按钮，如图 9-15 所示。

图 9-15　选择关键词与回复内容

 应对拒付与纠纷

在跨境电商运营过程中，拒付与纠纷是卖家必须要面对的问题。一旦店铺产生的纠纷过多，就会影响商品的曝光，影响买家的购物体验，导致客源流失，进而影响店铺的正常经营，卖家的利益也会受到损害。卖家要想为买家提供高质量的购物体验，就要熟练掌握应对拒付与纠纷的方法。

9.4.1　应对买家拒付

拒付也称退单、撤单，指买家要求信用卡公司撤销已经结算的交易。买家可以根据信用卡公司的规则和时限向其发卡方提出拒付，接受信用卡付款的所有卖家都要承担收到拒付的风险。

拒付实际上是信用卡公司给予持卡人的一种权利，持卡人在支付后的一定期限内（一般为 180 天，某些支付机构规定的期限可能更长），可以向银行申请拒付账单上的某笔交易。由于网络交易和面对面交易的差异性，无论卖家在何种电子商务平台开店，都无法避免产生此类风险。

当买家通过信用卡支付速卖通平台上的某笔交易时，有可能通过信用卡公司提出拒付。在拒付争议的处理过程中，裁决最终由信用卡公司做出，速卖通/支付宝无法控制结果。

1. 买家拒付的常见类型
常见的买家拒付类型主要有盗卡类、货物类和其他，具体的拒付原因如表 9-2 所示。

表 9-2　买家拒付的类型及原因

拒付类型	拒付原因	释义
盗卡类	未经授权的信用卡使用	买家的信用卡被盗用或以欺骗的方式被使用
货物类	未收到货物	买家付款后没有收到货物，或未在约定的时间内收到货物
	货不对版	买家付款后收到的货物与期望严重不符
	未收到退款	买家选择退货或取消订单后，未收到货物直接退款
其他	重复扣账	买家对同一商品付了两次款项
	金额不符	买家的付款金额与商品实际金额不符

2．拒付的基本流程

拒付的基本流程如图 9-16 所示。

图 9-16　拒付的基本流程

（1）买家向信用卡公司提出拒付申请。

（2）买家的信用卡公司向速卖通/支付宝的商家银行通报拒付，并扣除相应的资金。

（3）速卖通/支付宝暂时冻结被拒付的交易。

（4）速卖通/支付宝立即向卖家发送电子邮件，要求其提供附加信息，用于对拒付提出抗辩。

（5）速卖通/支付宝对拒付的承担方做出判责：若卖家无责，则速卖通/支付宝会解除先前冻结的交易；若卖家有责，则速卖通/支付宝按卖家要求提起抗辩，并等待买家信用卡公司对抗辩的反馈。

3．有效地应对拒付

速卖通/支付宝在接到银行发出的拒付通知后会立刻冻结订单，同时向卖家发送拒付通知信息。当卖家收到拒付通知信息时一定要重视，并迅速做出响应，及时查看站内信相关通知内容，及时与买家取得联系，或结合其他信息判断产生拒付的原因，积极地解决问题，以尽量减少或避免给自身造成资金损失。

若信用卡公司需要卖家提供资料对此笔拒付做出判责，为了尽量降低自身的损失，卖家可以通过站内信中的抗辩链接，按照页面提示提供尽量完整的相关资料，完成信用卡公司对此笔订单的拒付调查。该抗辩需要在 3 个工作日内完成，逾期提交或未回复，银行将默认卖家放弃对此笔订单的抗辩，拒付款项会被退还给买家。

为了增加在拒付抗辩中获胜的机会，卖家除了根据拒付通知邮件中的要求提供抗辩所需的相关基本资料外，还可以提供一些对自身有利的附加信息，如表 9-3 所示。

表 9-3　增加拒付抗辩获胜机会的申诉材料及附加信息

拒付原因	具体情况	申诉材料	附加信息
未收到货物	未在规定时间内收到货物	提供能够证明买家拒付的时间点还在双方约定的投递期限范围的证据	可提供货物是在双方约定的时间内投递的或遵循平台给出的该种物流方式下寄往目的国家及地区的预计妥投日期

续表

拒付原因	具体情况	申诉材料	附加信息
未收到货物	非本人签收	提供官网妥投证明、物流妥投截图	① 尽量提供有签收人信息的官网物流信息截图； ② 如果物流信息已经超出官网信息保留的期限，可提供速卖通物流记录的妥投截图，但需要说明原因
	只收到部分货物	提供能够说明按照订单要求全部发货的证明	可提供货物重量证明
	买家已经退货给卖家	如果卖家尚未收到退货，可提供退货物流信息截图，证明货物尚未妥投	可提供卖家商品描述中关于退款政策的相关条款，说明卖家需收到货后才能退款
货物与描述不符（货不对版）	收到的货物与订单的商品描述不符	提供商品的详细信息，证明商品与描述相符	可提供发货前商品的图片，或者发货前买家对商品信息确认的截图
	商品是假货	提供第三方商品质量检验证明，如 CE 认证；提供购买相同商品的其他买家对该商品质量认证的评价	若无其他可提供的相关信息，可接受拒付
未收到退款	买家已经将货物退回，但卖家未按照约定退款	如果卖家未收到退货，需提供退回物流信息截图证明物流尚未妥投	可提供卖家商品描述中关于退货政策的相关条款，说明卖家需收到货后才能退款
	在卖家发货前就已经取消订单	提供物流信息截图或与买家沟通的记录截图，证明在买家取消订单之前货物已经发出	① 可根据商品描述中的退款政策进行说明； ② 定制商品一般不接受下单后取消订单的请求
金额不符	支付金额与订单金额不符	提供能够证明买家已付款金额与下单金额相符的证明	可提供订单金额详情截图
	订单金额与约定不符，曾协商改价	若订单已经改价，则要提供相关截图进行证明；若没有改价，则根据协商内容决定是否接受拒付	如果订单已经改价，则提供买家与卖家协商的沟通记录截图
重复扣账	两笔不同订单号，同一运单号	强调两笔订单都是买家主动下单，并非重复；提供发货底单或物流公司出具的重量证明；提供物流信息	提供两笔订单都是买家主动下单，且买家并未说明只想下一个订单的证据
	两笔不同订单号，不同运单号	强调两笔订单都是买家主动下单，并非重复	提供两个运单的发货底单和物流公司出具的重量证明，证明货物已经全部发货

9.4.2 应对纠纷

如果在速卖通平台的交易过程中遇到纠纷，卖家应该积极地与买家取得联系并进行确认。当买家做出反馈时，卖家应该及时给予回应，主动与买家沟通协商，了解买家的具体问题，并向其提供有效的帮助和解决方案。如果买卖双方无法实现有效的沟通和协商，后续纠纷将由速卖通平台介入处理。

1. 常见纠纷的类型

常见的纠纷主要有两大类：一是买家收到的商品与约定不符（货不对版），二是买家未收到商品，具体如表 9-4 所示。

表 9-4　常见纠纷的类型

常见的纠纷类型	具体表现	导致纠纷的原因
买家收到的商品与约定不符（货不对版）	商品与描述不符	买家收到的商品与在网上看到的商品存在颜色、尺寸、包装、品牌、款式/型号等方面的差距
	质量问题	商品存在品质、功能、使用方面的问题
	商品破损	买家所收到的商品存在不同程度的外包装破损或商品本身有损坏的情况
	商品短装	买家所收到的商品数量少于订单上约定的数量
买家未收到商品	海关扣关	物流显示商品已经被递交到海关，或者商品长期处于等待清关（具体滞留原因不可知）的状态。商品被海关扣押，这与当地国家及地区的政策以及商品属性有关
	未发货	卖家由于疏忽而漏发货或者虚假发货
	包裹退回	商品到达买家所在国家及地区后，由于地址不详等，商品被退回
	包裹丢失	商品在运输途中丢失
	无法查询物流信息	商品发出后，因为物流问题无法查询物流信息
	商品未在规定时间运达	在商品运输的承诺时效内，买家未收到货
	发错地址	地址填写错误，造成商品送错地方，没有送达买家手中
	买家拒签	买家指定一种物流方式配送，卖家以另一种物流方式发货，买家拒签

2．纠纷处理流程

速卖通纠纷处理流程如图 9-17 所示。

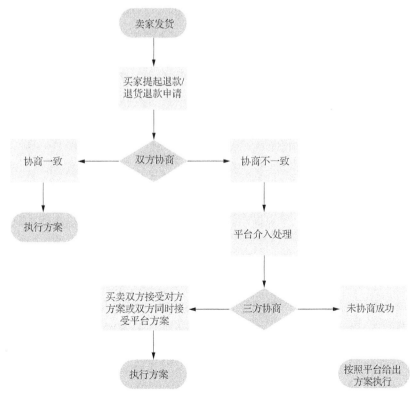

图 9-17　速卖通纠纷处理流程

3．避免纠纷产生的策略

纠纷一旦产生，不仅需要卖家花费时间和精力来解决，还会拉长订单的回款周期，甚至导致买家流失，失去吸引买家二次消费的机会，所以在交易中应当尽量避免纠纷的产生。

（1）避免"货不对版"纠纷的策略

要想避免因为货物与约定不符而产生纠纷，卖家需要为买家提供真实、全面的商品描述，保证商品质量，杜绝假货。

① 提供真实、全面的商品描述

在编辑商品信息时，要从事实出发，全面且细致地描述商品。例如，电子类商品需要全方位地说明商品的功能及其使用方法，避免买家收到货后因无法合理使用而引起纠纷；又如服饰、鞋类商品，卖家需为买家提供尺码表，便于买家自主选择，避免买家收到货后因尺寸不合适而提起纠纷等。

不能因急于达成交易而对买家有所欺骗，例如，销售的 U 盘实际只有 2GB 容量，却刻意将容量大小描述成 8GB。这类欺诈行为一经核实，速卖通平台将会严肃处理。此外，在商品描述中对商品的瑕疵和缺陷也不应有所隐瞒。

卖家在商品描述中可以注明自己的货运方式、可送达地区、预计所需的运输时间。此外，卖家还应在商品描述中向买家解释海关清关缴税、商品退回责任和承担方等问题。

买家是根据商品描述产生购买行为的，买家知道得越多，其预期就会越接近实物，所以真实、全面的商品描述是避免纠纷的关键。

② 保证商品质量

在发货前，卖家要对商品进行充分的检测，包括商品外观是否完好，商品功能是否正常，商品是否存在短装，邮寄时的商品包装是否抗压抗摔等。如果发现商品存在质量问题，应该及时联系厂家或上游供应商进行更换，避免因商品质量问题引起退换货纠纷。在跨境电商交易中，出现退换货会产生很高的运输成本，应尽量避免这种情况。

③ 杜绝假货

速卖通重视保护第三方知识产权，并为会员提供安全的交易场所，非法使用他人的知识产权不仅违反速卖通政策而且也是违法的行为。

若买家提起纠纷投诉卖家销售假货，而卖家无法提供商品的授权证明，将直接被速卖通平台裁定为全责，这样卖家在遭受经济损失的同时，也会受到平台的处罚。因此，卖家不要在速卖通平台上销售涉及第三方知识产权且无法提供授权证明的商品。代理授权的商品一定要找到原供应商拿货，且必须有品牌授权书。

（2）避免买家未收到商品纠纷的策略

要想有效避免因买家未收到商品而引起的纠纷，卖家要做好选择最优物流方式和与买家进行有效沟通两个方面的工作。

① 选择最优物流方式

国际物流往往存在很多不确定因素，如海关问题、关税问题、派送转运等。在整个物流运输过程中，这些复杂的情况很难被控制，不可避免地会出现包裹清关延误、派送超时，甚至包裹丢失等情况。如果买家长时间未收到商品，或长时间无法查到物流信息，就可能提起纠纷。

没有跟踪信息的物流方式是无法为卖家提供全面物流保障的，若买家提起未收到商品的纠纷，而货物信息无法跟踪，会对卖家的举证造成不利的影响。因此，卖家在选择物流方式时，应该结合不同地区、不同物流公司的清关能力及包裹运输期限，选择物流信息更新及时、运输时效性更佳的物流方式。

考虑到实际情况，卖家如果需要寻找货代公司帮助发货，应该选择正规且能提供发货与退货保障的货代公司，以保证自己的利益不受损害。

总体来说，在选择物流方式时，应该权衡交易中的风险与成本，尽可能选择可以提供实时查询货物追踪信息的物流公司。

② 与买家进行有效沟通

卖家要及时向买家提供物流跟踪信息，一旦物流方面出现问题，要积极、主动地与买家进行沟通，向买家说明具体情况。

- 包裹延误。如果包裹发生了延误，卖家要向买家详细解释包裹未能在预期时间内到达的原因，以获得买家的谅解。
- 包裹因关税未付被扣关。向买家解释自己已在商品描述中注明买家缴税义务，此时可以提出为买家分担一些关税，这样不仅能够避免包裹被退回，还能让买家因为卖家的诚意而给予好评。
- 包裹无人签收。包裹因无人签收而暂存于邮局，应当及时提醒买家找到邮局留下的字条，在有效期内领取。

4．解决纠纷时的注意事项

一旦产生纠纷，卖家要采取积极的态度解决纠纷，尽量降低纠纷对自己造成的负面影响。解决纠纷时，卖家需要做好以下工作。

（1）沟通及时

纠纷具有较强的时效性，如果卖家不能及时做出回应，会逐渐形成对自己不利的影响。因此，当收到买家的疑问或不良体验反馈时，卖家要在第一时间进行回复，与买家进行友好协商。若买家迟迟未收到货物，卖家在承受范围内可以给买家重新发送货物，或者选择其他替代方案；若买家对货物质量或其他方面不满，卖家要与买家进行友好协商，提前考虑好解决方案，这样就能让买家感觉自己被重视，让他们知道卖家有解决问题的意愿。

（2）保持礼貌

卖家应牢记以和为贵，就事论事，礼貌对待买家。不礼貌的态度甚至争吵会导致买家恼怒，使买家不配合解决纠纷。

（3）态度专业

与买家沟通时，卖家要有专业的态度，英文表达要完整、正确，要对买家所在国家及地区有一定的了解，熟知境外买家的消费习惯及相关政策法规等。

在和买家沟通时，卖家要注意买家心理的变化。当出现买家不满意时，卖家尽量引导买家保留订单，同时也满足买家一些其他的需求；当出现退款时，尽量引导买家达成部分退款，避免全额退款退货。卖家要努力做到"尽管货物不能让买家满意，态度也要让买家无可挑剔"。

（4）将心比心

卖家要学会站在买家的角度考虑问题，出现问题就想办法解决，而不是只考虑自己的利益。卖家要在自己一定的承受范围内尽量让买家减少损失，这样也能为自己赢得更多的机会。

（5）保留证据

将交易过程中的有效信息保留下来，一旦出现纠纷，这些信息能够作为证据帮助卖家解决问题。在交易过程中要及时、充分地举证，将相关信息提供给买家进行协商，或者提供给

速卖通帮助裁决。

素养提升

　　爱岗敬业体现的是人们忠于职守的职业精神。爱岗就是热爱自己的工作岗位，热爱本质工作；敬业就是用一种恭敬严肃的态度对待自己的工作。客服工作是一项讲究耐心、诚心的工作，从业者在与买家沟通的过程中要做到认真负责、耐心热情，为买家提供良好的购物体验。

📖 课后习题

　　1. 一名合格的跨境电商客服人员应该具备哪些技能？
　　2. 如果买家提出"货不对版"拒付，卖家应该如何处理？卖家可以提供哪些材料来增加自己在拒付抗辩中获胜的机会？
　　3. 简述在跨境电商交易中避免产生纠纷的方法。

📖 课后实训：为买家提供服务

　　1. **实训目标**：掌握售前、售中、售后服务的方法，能够为买家提供咨询服务。
　　2. **实训内容**：5人一组，以小组为单位，模拟为买家提供服务的场景。
　　3. **实训步骤**
　　每组建立一个微信群，然后由1人扮演店铺的客服人员，其他人扮演买家（学生可以轮流扮演客服人员和买家），模拟店铺客服人员与买家沟通的场景。在沟通过程中，买家可以向客服人员提出各种问题，客服人员要及时、有效地为买家解决。此外，客服人员和买家最好能够使用外语进行交流，如英语、俄语等，以提高沟通场景的真实性。
　　4. **实训总结**

学生自我总结	
教师总结	

第10章 运营分析：运用大数据思维精准优化店铺运营

学习目标 ↓

- ➤ 了解数据分析的内容。
- ➤ 掌握数据分析的基本步骤。
- ➤ 掌握常用数据分析指标和选择数据分析指标要遵循的原则。
- ➤ 掌握常用的数据分析方法。
- ➤ 树立大数据发展理念，培养数据化运营思维。
- ➤ 强调数据的真实性、可靠性，不编造数据。

数据运营是电子商务的大势所趋。一个成功的卖家不仅要对数据有足够的敏感度，更要有可靠的数据来源来分析商品的销售、店铺的运营成绩等。为了帮助卖家更好地利用数据，速卖通为卖家提供了专业的数据分析工具——数据纵横，以帮助卖家更加方便地使用和管理店铺数据。

10.1 初识数据分析

在店铺运营过程中，能为卖家做出运营决策提供依据的就是数据分析。卖家开展数据分析的目的是找到最适合自己店铺的运营方案，从而达到销售利润最大化的目的。

10.1.1 数据分析的内容

通常来说，数据分析的内容主要包括自身店铺数据分析、竞争对手数据分析和行业数据分析。

1．自身店铺数据分析

自身店铺数据分析就是卖家对自己店铺的运营数据进行分析，全面了解自己店铺的运营情况，并根据数据分析结果调整和优化店铺运营策略。

2．竞争对手数据分析

竞争对手数据分析是指卖家对竞争对手的运营数据进行分析，以了解竞争对手的运营情况、运营策略，以及竞争对手具备哪些优势、在哪些地方存在劣势，从而为优化自己的运营策略提供参考。

3．行业数据分析

行业数据分析是指卖家对能够反映跨境电商行业或跨境电商某个领域的数据进行分析。例如，分析反映出口跨境电商行业发展规模的数据，分析反映出口跨境电商中玩具类商品市场规模的数据等。通过行业数据分析，卖家可以从宏观的角度了解跨境电商行业的发展情况，从而为自己的店铺运营提供数据参考。

> **素养提升**
>
> 在"互联网+"时代，大数据已经成为企业的重要资产，数据化运营是在运营过程中使用数据作为决策依据，并形成可复制的方法论。跨境电商从业者要充分认识并认可数据在运营中发挥的重要作用，懂得收集并利用大数据创造新的价值点。

10.1.2 数据分析的基本步骤

一般来说，数据分析包括以下步骤。

1．确定目标

在开展数据分析之前，卖家首先要明确进行数据分析的目的，即通过数据分析要发现并解决什么问题。

2．搜集数据

要开展数据分析，首先要有足够的有效数据，卖家可以通过以下几个渠道搜集数据。

（1）卖家账号后台：卖家账号后台会记录卖家店铺运营的相关数据，如账号等级、商品的销售数据、浏览数据、交易转化数据、广告推广数据等。卖家需要及时关注账号表现，并定期对账号后台中的数据进行收集、整理和归档，以便于后期应用。

（2）平台数据工具：速卖通卖家后台的生意参谋是速卖通基于平台海量数据打造的一款数据营销工具，卖家可以充分利用这个工具了解自己店铺的运营状况。此外，还有热销榜、销量榜等榜单信息，这些也是卖家搜集行业销售数据和竞品销售数据的重要渠道。

（3）第三方数据工具：市场上有一些专门为跨境电商卖家提供专业服务的第三方数据工具，如店小宝、FindNiche、AliInsider 等，它们能为卖家提供多种数据分析服务，如行业销售数据分析、竞品销售数据分析和网民搜索趋势分析等。卖家可以利用第三方数据工具获取自己需要的数据。

（4）网页数据抓取工具：卖家可以使用诸如八爪鱼采集器之类的网页数据采集器或Python 语言抓取数据。

3．数据处理

卖家在搜集数据环节获得的数据通常属于原始数据，这些数据往往不能直接拿来使用，需要卖家对其进行相应的处理，使其成为可被分析的数据。数据处理是指卖家将搜集的数据进行相应的整理加工，使其成为适合开展数据分析的样式的过程。进行数据处理的目的是从大量无序、杂乱、难以理解的数据中选取对解决问题有意义、有价值的数据。

数据处理包括数据剔除、数据筛选、数据计算等。对于原始数据中一些无意义或与数据分析目的无关的数据，卖家可以将其剔除。例如，卖家分析店铺的月销售情况，一般需要了解店铺的拍下件数、成交件数、客单价、支付率、销售额等数据，而买家的性别、年龄段等数据可以被剔除。对于一些无法从原始数据中直接提取出来的数据，卖家可以通过计算获得。例如，原始数据中有拍下件数和成交件数，卖家可以通过公式"成交率=成交件数÷拍下件数×100%"来获得成交率。

数据处理是开展数据分析的基础和前提。卖家通过对数据进行处理，将原始数据整理成规整的、有效的、可用来进行分析的形式，有利于保证数据分析环节顺利进行。如果卖家未对数据进行相应的处理，杂乱无章的原始数据会让后续的数据分析环节变得复杂。如果数据本身存在错误，即使卖家采取了非常先进的数据分析方法和工具，也无法得出正确的分析结果，更无法为网店运营提供任何有价值信息。

4．分析数据

为了更好地得出结论，卖家需要对整理后的数据结果进行分析，从中获取有价值的信息，并形成指导性结论。例如，将本月数据与上月数据进行对比，将不同商品的销售数据做对比等。

5．发现问题并做出改变

卖家可以通过数据对比发现自身存在的问题，并及时进行改进。卖家可以尝试设计多个方案，通过数据测试从中筛选出最优方案，然后将其运用到实际运营中，以达到最佳的运营效果。例如，进行店铺装修时，卖家可以多尝试使用几种店铺装修风格，通过分析不同装修风格的浏览量、跳失率等数据确定或调整装修方案。

素养提升

真实可靠的原始数据是运营者开展数据分析工作的基础。在进行数据采集和预处理与分析时，卖家要坚持实事求是的原则，对数据要进行如实记录，做到不拼凑、不涂改、不私自舍去，尊重原始数据的真实性。

10.1.3　跨境电商常用数据分析指标

数据分析指标能够帮助卖家更好地理解数据，跨境电商中常用的数据分析指标如表 10-1 所示。

表 10-1　跨境电商常用数据分析指标

指标类型	常用指标	指标说明
流量类指标	页面浏览量（Page View，PV）	又称访问量，指用户访问页面的次数，用户每访问一个页面计一次访问，用户对同一页面多次访问，访问量累计
	独立访客数（Unique Visitor，UV）	在统计时间内访问页面的人数，同一个用户在统计时间内的多次访问计一次访问
	访问深度	用户在一次访问中浏览了店铺内不同页面的数量，反映了用户对店铺内各个页面的关注程度
	平均访问深度	用户平均每次连续浏览的店铺页面数
	页面访问时长	单个页面被访问的时间长度
	人均页面访问数	人均页面访问数=页面浏览量（PV）÷独立访客数（UV），该指标反映了页面的黏性
	跳出率	只访问一个页面就离开的访问次数占该页面总访问次数的百分比。该指标反映了页面内容对用户的吸引程度，跳出率越大，说明页面对用户的吸引力越小，该页面内容越需要调整
	平均访问时长	总访问时长与访问次数的比值
销售类指标	成交总额（Gross Merchandise Volume，GMV）	一段时间内店铺的成交总额。只要用户下单生成订单号，无论该订单最终是否成交，都可以计算在 GMV 中，即 GMV 包含付款和未付款的订单
	销售金额	店铺产生的总销售额，一般指实际成交金额
	销售毛利	商品销售收入与成本的差值
	毛利率	毛利与销售收入的比值
	购物车支付转化率	一定周期内将商品加入购物车并支付的用户数占将商品加入购物车的用户数的百分比
	浏览-下单转化率	在统计时间内下单的用户数占店铺访客总数的百分比
	浏览-支付转化率	在统计时间内支付订单的用户数占店铺访客总数的百分比
	下单-支付金额转化率	在统计时间内支付金额占下单总金额的百分比
	下单-支付买家数转化率	在统计时间内支付用户数占下单用户总数的百分比
	下单-支付时长	用户下单时间到支付时间的差值
	连带率	销售件数与交易次数的比值，反映用户平均单次消费的商品件数
商品类指标	库存量单位（Stock Keeping Unit，SKU）	物理上不可分割的最小存货单位。例如，华为 P60 256GB 黑色就是一个 SKU，每个 SKU 的编码均不相同，如相同就会出现商品混淆，导致卖家发错货
	标准化产品单元（Standard Product Unit，SPU）	商品信息聚合的最小单位，它是一组可复用、易检索的标准化信息的集合，该集合描述了一个商品的特性。简单来讲，属性值、特性相同的商品就可以称为一个 SPU，例如，华为 P60 就是一个独立的 SPU
	在线 SPU	在线商品的 SPU 数
	品牌数	店铺内商品的品牌总数量
	在线品牌数	在线商品的品牌总数量
	首次上架商品数	第一次在店铺内上架的商品数量
	订单执行率	订单执行率=能够执行的订单数量÷订单总数量×100%

指标类型	常用指标	指标说明
客户类指标	留存率	用户在某段时间内开始访问店铺，经过一段时间后，仍然继续访问店铺的用户被认作留存用户，留存用户占当时新增用户的比例就是留存率
	客单价	每一个用户平均购买商品的金额，即成交金额与成交用户数的比值
	消费频率	一定周期内用户在店铺产生交易行为的次数
	最近一次购买时间	用户最近一次在店铺产生交易的时间距离现在的时间差
	消费金额	用户在最近一段时间内交易的金额
	重复购买率	一段时间内用户对该品牌商品或者服务的重复购买次数
营销活动指标	新增访问数	某推广活动所带来的新访客的数量
	活动下单转化率	某推广活动带来的下单次数与访问该活动的次数的比值
	投资回报率（Return On Investment，ROI）	某一推广活动期产生的交易金额与该活动投资成本的比值
账户表现类指标	买家评价率	某段时间内参与评价的买家与该时间段内买家数量的比值。该指标反映了买家对评价的参与度
	买家好评率	某段时间内卖家收到好评的数量与该时间段内卖家收到的评价总数量的比值
	买家差评率	某段时间内卖家收到差评的数量与该时间段内卖家收到的评价总数量的比值
	投诉率	发起投诉的买家数量占买家总数量的比值
市场竞争类指标	市场占有率	店铺内某一商品（或品类）的销售量（或销售额）在市场同类商品（或品类）中所占比值
	市场增长率	店铺内某一商品（或品类）的市场销售量或销售额在比较期内的增长比率

跨境电商数据分析的指标有很多，在实施数据分析时，卖家没有必要对所有指标都进行分析，只需要选择适合当前问题的指标进行分析即可。具体来说，卖家在选择数据分析指标时要遵循以下三个原则。

1．根据店铺所处的发展阶段选择指标

店铺所处的发展阶段不同，卖家在实施数据分析时要重点关注的指标也有所不同。例如，对于一个刚运营不久的新店铺来说，积累运营数据、找准运营方向是首要任务，此时卖家应该重点关注店铺的流量类指标。

对于已经运营一段时间、积累了一定销售业绩的店铺来说，卖家需要借助数据分析提高店铺销售额。此时，在实施数据分析时，卖家应该重点关注店铺的销售类指标和流量类指标。

对于已经形成一定规模的店铺来说，卖家需要借助数据分析提升店铺的运营水平。此时，在实施数据分析时，卖家应该重点关注独立访客数、页面浏览量、转化率、复购率、留存率、客单价、ROI 和销售金额等指标。

2．根据时间周期选择指标

在实施数据分析时，卖家可以根据时间周期选择数据分析指标。例如，卖家可以对独立访客数、页面浏览量、页面访问时长、跳出率、转化率、客单价，以及重点商品的库存量、订单执行率等指标进行每日追踪，以了解店铺每日的流量和销售情况。

大部分数据分析指标都可以按"周"和"月"进行分析，但在按"周"和"月"开展数据分析时，卖家可以重点关注店铺的商品类指标和流量类指标。

3．根据分析目的选择指标

实施数据分析都是有一定的目的性的，卖家可以根据实施数据分析的目的选择重点关注的数据指标。例如，卖家实施数据分析是为了选品，可以重点关注某品类商品或某款商品的

跨境电商：速卖通运营与管理（第2版 视频指导版）

销售类指标、市场竞争类指标；卖家实施数据分析是为了了解店铺账号的健康度，可以重点关注账户表现类指标；卖家实施数据分析是为了考察店铺运营人员的工作业绩，可以重点关注独立访客数、转化率、访问深度、客单价和连带率等指标。

（10.2） 常用的数据分析方法

一个单独的数据通常并不能明确地说明某个问题，卖家还需要运用科学的分析方法对数据进行分析，从而从数据中挖掘更多有效信息，用于指导店铺运营。

10.2.1　对比分析法

对比分析法，又称比较分析法，是指将两个或两个以上的数据进行对比，分析它们之间的差异，进而揭示这些数据背后隐藏的规律的分析方法。

对比分析法中常用的是同比和环比。

同比是指今年第 N 月与去年第 N 月相比较。同比可消除季节变动带来的影响，用于说明本期发展水平与去年同期发展水平的对比情况，从而得到相对发展速度。同比增长率的计算公式如下。

$$同比增长率=（本期数据-上期同期数据）/上期同期数据×100\%$$

环比是指报告期水平与其前一期水平之比，表明现象逐期的发展速度。环比增长率的计算公式如下。

$$环比增长率=（本期数据-上期数据）/上期数据×100\%$$

在实际操作中，对比分析法常见的应用方式有以下几种。

（1）行业内做对比

行业内做对比是指卖家将自身发展水平与行业平均水平或行业内竞争对手的发展水平做对比，以了解自身发展水平在行业中所处的位置，自身在行业中的竞争力水平等。

（2）完成值与预设目标做对比

完成值与预设目标做对比是指卖家将运营中某项工作的完成效果与预先设定的目标做对比。例如，卖家将店铺当前阶段完成的业绩与预设业绩做对比，以了解店铺业绩完成程度和完成率，分析业绩目标设定是否合理，是否需要调整店铺运营策略等。

（3）商品之间做对比

商品之间做对比是指卖家将店铺中不同的商品销售情况做对比。例如，在大促活动后，卖家可以统计店铺内各个商品的销售情况，以了解各个商品在大促活动中的表现，发现大促活动中的爆款商品、滞销商品等，或者卖家将当月店铺内带帽卫衣的销量与不带帽卫衣的销量做对比，以了解两类卫衣的销售情况。

（4）营销活动前后做对比

营销活动前后做对比是指卖家在开展某项营销推广活动后，将活动前后的运营数据做对比，以了解营销推广活动的效果，为后续开展营销推广活动提供参考数据。

在使用对比分析法时，卖家需要注意两个问题，一是卖家要确保所选的对比对象之间具有可比性；二是卖家要确保做对比时所选择的比较口径、计量单位、计算方法一致。

10.2.2　逻辑树分析法

逻辑树分析法，又称问题树分析法、演绎树分析法或分解树分析法，是指将与某个问题相关的所有因素进行分层罗列，将该问题涉及的因素逐渐细化，最终找到影响该问题的所有因素的分析方法。

将一个已知问题当成"树干"，然后分析可能会对这个问题造成影响的因素，每想到一个因素，就将该因素作为一个"树枝"添加在"树干"上，并标明这个"树枝"代表的含义。一个大的"树枝"上还可以有小的"树枝"，以此类推，逐步将每个因素都细化到最小的地步，形成一棵"树"，最终找出与已知问题相关联的所有因素。逻辑树分析法的基本框架如图 10-1 所示。

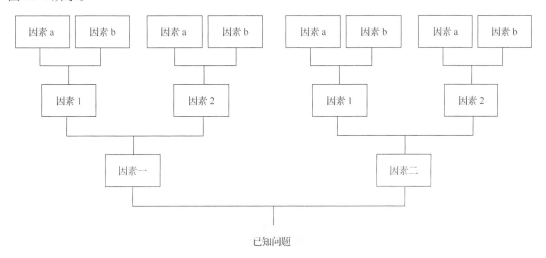

图 10-1　逻辑树分析法的基本框架

例如，卖家采用逻辑树分析法分析店铺内容营销效果不佳的原因，其分析思路如图 10-2 所示。

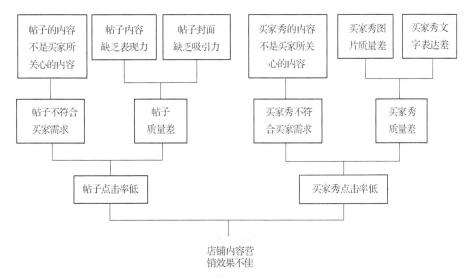

图 10-2　基于逻辑树分析法的店铺内容营销效果不佳的分析框架

卖家在运用逻辑树分析法进行数据分析的时候，需要注意以下三个问题。

（1）卖家在细分相关因素时，每一层级的因素的划分标准要保持一致。

（2）低一层级的因素应该与高一层级的因素密切相关。

（3）遵守不重不漏的原则，尽量把涉及的因素考虑周全。

10.2.3　漏斗图分析法

漏斗图分析法是指用漏斗图的形式展示数据分析的过程和结果的分析方法。一般来说，业务流程比较规范、业务流程周期较长、各流程环节涉及复杂业务较多的情况适用于漏斗图分析法。漏斗图能够直观地展示各环节的业务数据，让分析者快速发现业务流程中存在问题的环节。

例如，卖家运用漏斗图分析法分析店铺内某款商品的转化情况，这样能够帮助卖家了解用户从浏览到购买该款商品的整个过程中每一个环节的转化情况，如图 10-3 所示。

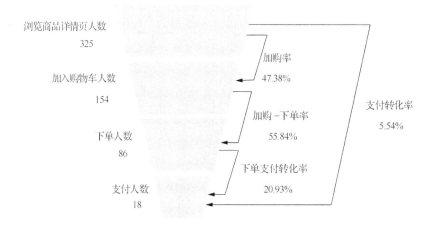

图 10-3　运用漏斗图分析法分析商品转化情况

从图 10-3 可以看出，该款商品的加购率、加购 - 下单率的数值还不错，但下单 - 支付转化率、支付转化率较低。此时，卖家应该重点分析导致下单 - 支付转化率、支付转化率低的原因，如商品定价不合理、商品优惠措施不合理等。

10.2.4　"七何"分析法

"七何"是指何事（What）、何因（Why）、何人（Who）、何时（When）、何地（Where）、如何做（How）、何价（How much）。"七何"分析法就是运用七个"何"构建分析思路的分析方法，其内容如表 10-2 所示。

表 10-2　"七何"分析法的内容

七何	具体说明
何事（What）	分析对象是什么，实施分析的目的是什么等
何因（Why）	这么做的原因是什么，导致这种效果或情况产生的原因是什么等
何人（Who）	客户是谁、谁来负责、谁来完成等

续表

七何	具体说明
何时（When）	什么时间、什么时机等
何地（Where）	什么地方、在哪里做、从哪里入手等
如何做（How）	怎么做、如何实施、采用什么方法等
何价（How much）	有多少数量、费用是多少等

例如，采用"七何"分析法分析店铺中爆款商品的具体销售情况，其分析思路如表 10-3 所示。

表 10-3　采用"七何"分析法分析店铺中爆款商品销售情况的分析思路

七何	具体说明
何事（What）	爆款商品是什么，例如，是单肩包还是手提包，是大号的单肩包还是小号的单肩包，是米色的大号单肩包还是蓝色的大号单肩包……
何因（Why）	商品成为爆款的原因是什么，如商品口碑好，商品价格优惠，卖家为商品投放了付费广告且广告效果良好……
何人（Who）	购买爆款商品都有哪些人，如购买者是店铺的新客户还是店铺的老客户，购买者的性别比例有什么特点，购买者都是哪些国家及地区的……
何时（When）	购买者大多数是在什么时间段购买的，购买者多久会再次购买……
何地（Where）	购买者来自哪里，例如，购买者是通过自主搜索而来，还是由智能投、自己投等站内推广广告吸引而来，或者是由 Facebook、Twitter 推广广告吸引而来，或者是由卖家发布的帖子、买家秀吸引而来……
如何做（How）	购买方式有什么特点，例如，购买者是静默下单，还是咨询客服后再下单？购买者是购买单品，还是购买商品组合？购买者是直接下单付款，还是将商品添加购物车后隔一段时间再付款？购买者是使用信用卡支付，还是使用其他支付方式支付……
何价（How much）	爆款商品的价格情况，例如，爆款商品的销售单价是多少，爆款商品的客单价是多少，爆款商品的月成交总额是多少……

10.2.5　四象限分析法

四象限分析法，也称矩阵分析法，是指将分析对象的两个重要属性作为横轴和纵轴，组成一个坐标系，构成四个象限，然后在两个坐标轴上分别按某一标准将属性值做好高与低的划分，将分析对象按照其在这两个属性上的表现投射到四个象限中，进而解析不同象限中分析对象的特点的分析方法，如图 10-4 所示。

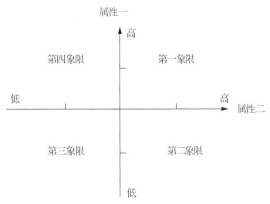

图 10-4　四象限分析法的结构

例如，卖家可以运用四象限分析法分析"自己投"关键词的投放效果。卖家首先将关键词的成本和转化率作为横坐标轴和纵坐标轴，构成四个象限，然后按照一定的标准将成本和转化率分出高、低，如图 10-5 所示。接着卖家可以根据各个关键词的成本和转化率将其投射到相应的象限中，最后根据四个象限所代表的不同特征分析各个关键词的表现，并为其制定优化策略，如表 10-4 所示。

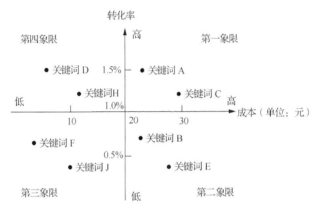

图 10-5 运用四象限分析法分析"自己投"关键词的投放效果

表 10-4 "自己投"关键词表现及优化策略

象限	象限特征	关键词	优化策略
第一象限	高成本、高转化率	关键词 A、关键词 C	优化关键词的质量得分，以降低关键词的转化成本
第二象限	高成本，低转化率	关键词 B、关键词 E	此类关键词的价值最低，但不能完全否定这类关键词，卖家要判断此类关键词是否是竞价推广核心关键词，有没有优化的必要，如果此类关键词的流量大、均价低，卖家可以尝试对此类关键词进行优化，并降低出价，尽量提高这类关键词的转化率；如果此类关键词的流量较低、均价高，卖家可以考虑删掉这类关键词
第三象限	低成本、低转化率	关键词 F、关键词 J	此类关键词对推广效果的影响不大，卖家可以尝试在某个时间段内放弃这类关键词，或者将此类关键词继续划分为四个象限，然后依次对不同象限中的关键词进行优化，提高此类关键词的转化率
第四象限	低成本、高转化率	关键词 D、关键词 H	① 最优质的关键词，卖家要及时关注此类关键词的排名，如果关键词的排名较差，则可以适当提高关键词出价； ② 卖家可以在重点国家和地区投放此类关键词，并充分保证此类关键词的推广预算； ③ 将这类关键词作为种子词进行拓词，以挖掘更多同类优质关键词

▌课堂实操：运用生意参谋分析店铺流量

流量运营是店铺核心，卖家可以运用生意参谋监控和分析店铺流量，更好、更科学、更高效地运用流量，持续提高店铺商品转化率。下面将介绍运用生意参谋分析大促活动期间店铺流量运营情况的方法。

（1）进入速卖通店铺后台，单击页面左侧"生意参谋"|"流量"|"流量看板"选项，进入流量看板页面，单击"店铺核心指标"选项卡，设置搜索条件为"最近 30 天""全部"|"所有平台"，查看店铺近 30 天访客数据变化，如图 10-6 所示。

图 10-6　流量看板—店铺核心指标分析

（2）单击"商品核心指标"选项卡，查看店铺最近 30 天的商品收藏人数、商品加购人数变化情况，如图 10-7 所示。

图 10-7　流量看板—商品核心指标分析

（3）从理论上来讲，在大促活动预热期间，店铺的商品访客数、商品收藏人数、商品加购人数应该呈逐步上涨趋势，如果卖家发现店铺内这些指标的数据无明显上涨，则需要进一步分析店铺内各渠道的流量变化。单击"生意参谋"|"流量"|"店铺来源"选项，再单击"店铺来源承接"选项卡，查看最近 7 天各渠道下店铺访客数据变化，如图 10-8 所示。

图 10-8　流量来源—店铺来源承接分析

卖家可以重点关注移动端的访客变化。此外，卖家要重点关注店铺各渠道流量占比，一般来说，搜索或推荐流量占比应该大于 50%，然次是基础工具、导购等其他渠道的流量。如果卖家发现搜索或推荐流量占比较低，则需要投放"自己投"来调节流量。

（4）单击"间接站外流量"选项，进入"间接站外流量"趋势分析页面，设置要查看的指标，查看"间接站外流量"相应指标的趋势，如图 10-9 所示。

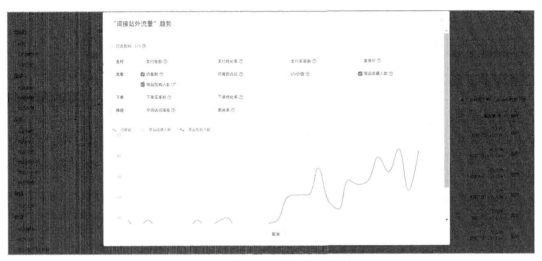

图 10-9　"间接站外流量"趋势分析

（5）单击"生意参谋"｜"流量"｜"商品来源"选项，可以对店铺商品进行分析，单击相应商品后面的"来源明细"超链接，如图 10-10 所示。

图 10-10　单击"来源明细"超链接

（6）进入相应商品的来源明细分析页面，分析该商品各渠道流量情况，如图 10-11 所示。

（7）单击流量渠道后面的"趋势"超链接，查看相应渠道下访客数、商品收藏人数、商品加购人数的变化趋势，图 10-12 所示为"其他"渠道下的访客数、商品收藏人数、商品加购人数的变化趋势。如果搜索或推荐渠道、基础工具下的访客数、商品收藏人数、商品加购人数呈下降趋势，卖家需要调整营销方案，如通过投放广告增加店铺的曝光量和访客数，通过设置店铺活动用优惠措施和对买家进行二次营销促进老买家回访，提高店铺内商品的收藏人数和加购人数等。

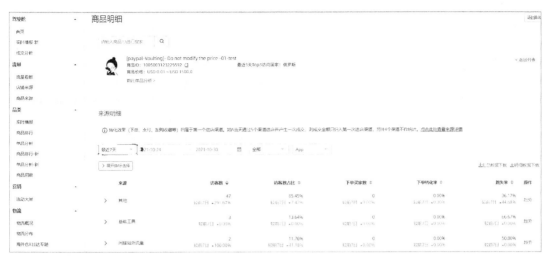

图 10-11　商品流量来源明细分析

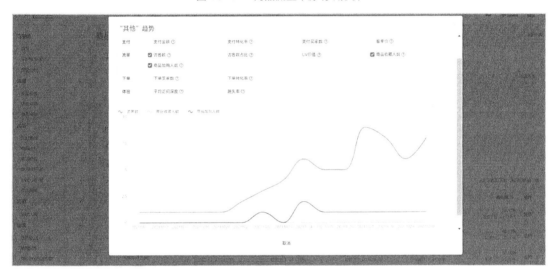

图 10-12　"其他"渠道下的访客数、商品收藏人数、商品加购人数的变化趋势

📖 课后习题

1. 数据分析的内容包括什么？
2. 数据分析的基本步骤是什么？
3. 什么是逻辑树分析法？运用逻辑树分析法分析店铺内商品转化率低的思路是什么？

📖 课后实训：分析运营数据

1. **实训目标**：掌握数据分析的方法，会分析店铺的运营数据。
2. **实训内容**：收集并分析店铺运营数据，并根据数据分析结果提出优化方案。

3. **实训步骤**

（1）确定目标

根据运营情况，确定数据分析的目标。

（2）收集数据

根据数据分析的目标，查看店铺后台销售数据，或者使用生意参谋、八爪鱼采集器等工具收集相关数据。

（3）分析数据

整理收集到的数据，根据数据分析目标从整理好的数据中筛选出有效数据，使用合适的数据分析方法对数据进行分析。

（4）发现问题并制定优化方案

根据数据分析的结果发现店铺运营中存在的问题，并制定合理的优化方案。

4. **实训总结**

学生自我总结	
教师总结	